临济录随想

〔日〕西村惠信 ◎ 著

李贺敏 ◎ 译

海南出版社

·海口·

Rinzairoku Wo Meguru Danshou–Jikokakuritu No Houhou
Copyright © 2006 by Nishimura Eshin
Original Japanese edition published by The Institute For Zen Studies
Simplified Chinese translation rights arranged with The Institute For Zen
Studies
through Jia–Xi Books Co., Ltd., Taiwan,R.O.C.
Simplified Chinese Translation copyright © 2019 by Hainan Publishing
House Co., Ltd.

版权所有　不得翻印
版权合同登记号：图字：30-2016-160 号
图书在版编目（CIP）数据

临济录随想 /（日）西村惠信著；李贺敏译 . —— 海
口：海南出版社，2019.11
唐代禅学基础读本
ISBN 978-7-5443-8899-3

Ⅰ . ①临… Ⅱ . ①西… ②李… Ⅲ . ①临济宗 – 语录
– 中国 – 唐代②《临济录》– 研究 Ⅳ . ① B946.5

中国版本图书馆 CIP 数据核字 (2019) 第 216761 号

临济录随想

LINJILU SUIXIANG

作　　者：〔日〕西村惠信
译　　者：李贺敏
监　　制：冉子健
责任编辑：张　雪
责任印制：杨　程
印刷装订：三河市祥达印刷包装有限公司
读者服务：武　铠
出版发行：海南出版社
总社地址：海口市金盘开发区建设三横路 2 号 邮编：570216
北京地址：北京市朝阳区黄厂路 3 号院 7 号楼 102 室
电　　话：0898-66830929　010-87336670
电子邮箱：hnbook@263.net
经　　销：全国新华书店经销
出版日期：2019 年 11 月第 1 版 2019 年 11 月第 1 次印刷
开　　本：880mm×1230mm　1/32
印　　张：6.125
字　　数：100 千
书　　号：ISBN 978-7-5443-8899-3
定　　价：39.80 元

◎ 致手捧本书的读者

　　欢迎购入此书。本书与你的相遇绝不是偶然，你们之间一定有很深的缘分。我第一次接触《临济录》这本语录集是在大学二年级的时候，那时是听柴山全庆[1]老师关于"临济禅的性格"的讲座。之后的五十年中，虽然曾多次聆听关于《临济录》的讲座，也阅读了许多关于此书的研究著作，但是认真仔细地阅读《临济录》，这还是第一次。

　　古往今来，《临济录》都是临济宗禅僧的精神支柱，即将步入晚年的我就不追随其他人关于《临济录》的理解了，

[1] 柴山全庆（Shibayama Zenkei，1894—1974），日本昭和时期佛教学者，临济宗南禅寺第 332 代住持，道号文明，号寒松轩。毕业于花园学林，嗣河野雾海之法，曾任禅门高等学院、花园大学、大谷大学教授以及南禅寺派管长等。

我要将其作为参考，并依据自己的见识与理解，为临济禅思想下结论。

推荐我执笔本书的编辑，也期待本书具有我个人的特色。他希望以《无门关漫步》那样的切入点，来挑战《临济录》，我完全同意。然而，考虑到本书并非仅供自己个人使用，而是公之于众的客观事实，所以不偏离《临济录》的宗旨是大前提，还要站在普通读者的立场上，尽量通俗易懂地加以说明。

《临济录》虽然诞生于千年之前，但在临济和尚面前闻法的却是那些出家后脱离世俗生活、将非常宝贵的人生全部奉献于佛道修行的"修行者"。所以，《临济录》的历史背景，无论是在时间上还是在空间上均与今日阅读该书的我们有很大的距离。

在21世纪的今天，《临济录》之所以还依然捧在我们的手上，是因为《临济录》的内容所具有的普遍性。从这个意义上来说，应该暂时将《临济录》从传统的束缚中解放出来，使之成为指导我们当代生活的智慧。

在今日的日本禅宗道场，由师家讲授《临济录》时，不许修行僧们使用日记本等一切用于记笔记的工具。这是因为，用头脑理解、用手记录祖师的语录，并不是禅的传达方式。禅是通过全身的毛穴，由老师向弟子"以心传心"，不应该是由老师向弟子绵延相传的，即使采取任何方式都"不能传之物"。

从这个意义上说，像我这样对语录之王《临济录》做这样那样的解释，或者读者们阅读到某处而心生欢喜，并不是传灯式的。通过与亲身体验毫无关系的文字这种载体，向那些从未接触过《临济录》的人们讲解临济语录，我知道这不是禅。就像刚才所讲的那样，我在对这一点有充分理解的基础上撰写了此书。

即使我数百次阅读或聆听《临济录》，却还是很困惑。犹如古人所说的"参禅须参活句"那样，为了真正参禅，不可参"语录"中的"死句"。

因此，我写《临济录随想》的目的，从一开始就非常明确，即希望阅读此书的读者们能够自由自在地"领会"《临济录》。如能以此为机缘，尝试着坐次禅并弯腰进入禅寺之门，我会喜出望外。

书中虽有临济否定坐禅的内容，但不可否认的是，临济在日常生活中是勤于坐禅的。因为不坐禅的禅宗，是不可能成立的。但是临济与六祖惠能一样，强烈否定了闭目打坐就是禅宗的错误想法。

在开始阅读本书之前，希望广大读者们理解本书关于《临济录》的上述立场。

[目 录]

[第一章]

从达摩到临济

临济登场之前

临济义玄的生年不详。从他公元 867 年圆寂来看，大约出生于公元 9 世纪前半叶，相当于达摩自印度来到中国三百年以后，而且禅宗业已独立成为中国佛教的一大宗派。禅宗在经过三百年的发展之后，天才临济悄然登场。

我想说的临济义玄并不是骤然来到世间，创立新流派的临济禅师，也不是宣传了之前谁都未曾言及的、出乎意料的、崭新的、具有革命性的思想的临济大师，而是在迄今为止的禅宗法脉之中，继承黄檗希运（生卒年不详）之法的中国禅宗第十一代祖师。

在临济以前，中国禅宗是如何产生的？又是如何发展并传承到临济的？如果不考虑思想史在临济之前的变迁，而只是单独放大临济，临济就会显得被孤立出来，悬在空中。

具体而言，临济被尊为"中国临济宗的宗祖"的原因是后来继承临济法脉的法孙们为将各自的立场正当化，而必须将临济视为宗祖，并不是临济自己对外宣称自己为"宗祖"。实际上，临济大力弘扬的、非常独特的"日常禅"，是早于临济两代即相当于临济师公的马祖道一在扬子江西部最早提倡的，不能说是临济的独创。

随着临济法脉日益大放异彩、不断呈现生机活力，马祖的影子也日渐稀薄。加之临济后人在弘扬临济宗时，只要一提到禅，就只宣传临济宗，从而将临济与之前的禅宗祖师切割开来。所以本书将临济从狭隘的宗派中解放出来，从更为宽广的人性角度，予以重新审视。

达摩西来

在按上述观点学习《临济录》之前，需要先了解一下中国禅宗的历史。公元 6 世纪初，已过百岁的蓝眼僧人菩提达摩自印度经南海来到中国。

据最新研究，即从敦煌文献《洛阳伽蓝记》的记述中可知，达摩不是印度人，而是通过丝绸之路来华的波斯人。其名字实际上不是达摩，正确的应为"菩提达磨"，所以也有人取其中间，以日语假名"ダルマ"来表述。

二十八祖菩提達磨大師

这种对历史事实的追根问底还是交给历史学家吧！任何宗教的历史，与其说是史实，不如说是后世信奉者们有着强烈的信仰告白。我认为与其断定历史事实是这样还是那样，不如说是做出这种贡献的人们的信仰创造了历史，这才是对待宗教历史的正确方法。

这些姑且不论。达摩渡过扬子江，来到北方的寺院 [1]——嵩山少林寺，在洞窟内从早到晚坐禅。时间比日本推古天皇时代还早七十年。

人们将这一长着奇异蓝眼睛的胡僧称为"壁观婆罗门"。所谓"壁观"，并不只是每天从早到晚面壁打坐。如果是那样，就应该称为"观壁"或"面壁"。因为达摩是

---

[1] 寺院原为官署之义。

"壁观"，所以他以像壁一样寂然不动的心洞察世界。

菩提达摩这位不可思议的男人，并不像以前的僧人那样，以骆驼驮运佛经并宣扬印度戒律，而只是默默无言地在洞窟内寂然不动地打坐。由于他九年不间断地连续打坐，以致手脚腐烂，所以日本人所熟悉的那个红达摩的形象，是由江户时代中期东渡日本并在宇治开创黄檗宗的隐元隆琦传来的。

因此，达摩也被称为"不倒翁"。为什么说他每次倒了都能站起来？因为他的重心在身体的下腹部，所以达摩具有能自己站立起来的能力。同是竖立着的高速旋转的陀螺，依靠的却是外力，一旦外力消失，最终陀螺就会倒下。人类为了自立，应该像达摩那样依靠自身之力。也就是说，要有自立精神，才能为人所喜爱。

提到达摩，就不能不提那双目光炯炯的眼睛，它象征着由于长时间的坐禅而造就的"心眼"。他正在用这样一双眼睛注视着我们说："要洞察人生的真实。"

佛心宗

"将达摩视为宗祖是捏造的"这一论断，源于达摩来中国两百年之后的六祖惠能 [1] 禅师的门下。他们之所以断定尊奉菩提达摩为禅宗初祖是捏造的，是因为达摩与当时西来的僧人不同，他没有带来任何佛经，只是传来佛陀因深厚的禅定与正觉而得到的"佛心印"（觉悟的智慧），从而制造了以达摩为祖师的禅宗史。

《禅源诸诠集都序》（1062 年刊）中介绍了达摩一派：

达摩受法天竺躬至中华。见此方学人多未得法。唯以名数为解事相为行。欲令知月不在指法是我心。故但以心传心不立文字。（《禅语录》9，45 页）

此为禅宗嚆矢。

中国佛教各宗派的创始人，皆从多达五千零四十余卷的汉译一切经（即《大藏经》）中选出特定的佛经，并以其为依据确立自己的信仰，再将这种强烈的信仰内容示以他人，从此立宗开教。这就是"中国佛教十三宗"。

其中唯有禅宗例外，它没有所依的佛经。天台大师智颛按时代将佛陀一代经判立为"五时八教"，并得出结论：

---

[1] 《中国大百科全书（第二版）》："禅宗南宗创始人。又作慧能。"——编者注

只有《法华经》才是佛陀最圆融的教义。因此他以《法华经》为基础创立了中国天台宗。

昙鸾大师从一切经中选择有关阿弥陀如来愿力的三部经典，即《无量寿经》《观无量寿经》《阿弥陀经》，开创了中国净土宗。其他如华严宗、法相宗、三论宗及律宗等中国十三宗，除禅宗外，均以佛经、戒律和论（此为三藏）为基础立宗开教。

不立文字
久松真一笔

自觉的宗教

达摩传来的禅宗与其他宗派完全不同。据传记记载，虽然他带来了四卷《楞伽经》，然而对于达摩来说，佛经上怎么说都无所谓，他只是胸怀弘扬佛陀心印的使命感而来到遥远的中国的。

达摩作为"西天第二十八祖"，弘扬的是释迦佛法。比起佛陀长达四十五年的说法记录——《经典》，他更倾向于弘扬其教义的根本——佛心，即佛陀的"慧命"（智慧之命，觉悟）。

中国宋朝时有禅宗书籍《祖庭事苑》，书中简明概括了达摩禅宗的特色："不立文字，教外别传，直指人心，见性成佛。"意为禅宗教理不依靠文字流传，是在传统佛教经典之外传承的教义，直指人心，觉悟自我的本性，从而使众人证悟成佛。

也就是说，达摩传来的佛教，不依靠文字和语言，只传佛陀之心，即"佛心"。所以，人们又将其他宗派称为"教宗"，将禅宗称为"佛心宗"。

那么，如此重要的"佛心"在何处？修行者应停止外求，面向自己，深刻地探究自己，才能证悟"唯有与生俱来的自我本性（自性）即佛心"。只要觉悟了"佛心"，谁都能成为"觉悟了的人"，也就是说成"佛"。

达摩来中国之后约两百年，禅宗迎来了鼎盛时期。继承其法脉的人将达摩之法传遍全中国，并且以各自丰富、独特的个性，大力弘扬具有个人特色的禅法。

各种各样的禅宗

唐代圭峰宗密非常活跃。他虽然是华严宗的祖师，但是在禅宗方面也有很深的造诣，属于菏泽宗，在学问方面创立了禅宗逻辑。他既是佛教学者，也是一位非常了不起的出家人，因为当时的唐文宗以及宰相裴休等都曾皈依他。他的禅如"知之一字，众妙之门"那样，以"知"为根本，可以说是非常智慧的禅。

宗密所著的介绍当时流行的禅宗的著作《禅源诸诠集都序》以及回答宰相裴休提问的《禅门师资承袭图》[1]均尚存于世，我们从中可以了解当时禅宗在修行方法上的不同。他还将当时最为流行的禅宗总结、归纳为以下四个类型，并分别举例，解释得通俗易懂。

第一种为"息妄修心宗"。此派禅法认为，虽然众生都有与生俱来的佛性和清净本性，然而就像镜子沾上灰尘一样为无明烦恼所笼罩，所以人们在尚未消除烦恼、痛苦的情况下不得不生死轮回。也就是说，要常听禅宗教诲，不受制于周围的世界，清净观心，去除万物，就像自然去尘的明镜一样正确地观察世界。

禅源诸诠集

---

[1] 全名为《中华传心地禅门师资承袭图》。——编者注

中国禅宗五祖弘忍大师高徒——神秀上座，在洛阳及长安被仰为"两京法主，三帝门师"，创建了"北宗禅"一派。然而他的禅是"渐修渐悟"，即通过持续不断的坐禅，逐渐加深悟性。所以，可以认为他就是"息妄修心宗"的代表人物。

第二种是"泯绝无寄宗"。此派禅法的大意是：虽然人们能够看到世间万物的存在，但是一切都是梦幻，看到的没有一件是实体，这是虚无思想。其思维方式为否定一切，以空寂为理想。因为一切皆空寂，所以可以断定佛与众生、觉悟与烦恼、一切的一切都是梦幻。当人们幻想何为实在时，其本身已经迷惑了。石头希迁、牛头法融，当时强调这种独特禅法，所以他们的禅宗被视为主张"泯绝无寄"。

第三种是"直显心性宗"。此种禅法，顾名思义，就是说心在日常生活之中的自然活动。也就是说，我们从早到晚所看到的动作以及所说的话，都是我心的直接表现。因此，完全没有必要为求悟而特意修行，只要顺其自然，就是佛的生活。

宗密认为，此种类型的代表人物是活跃于江西一带的马祖道一。我们将要学习的临济禅，就继承了他的禅宗法脉。

最后介绍宗密亲自倡导的"菏泽宗"，他也认为这一派最出类拔萃。宗密虽然认为菏泽宗属于第三类"直显心性宗"，却如刚才所述，其特征就是将心具体比喻为"空寂之知"。他说，只有"空寂之知"，才能"灵知不昧"。"知之一字，众妙之门"，是该宗的奥妙所在，所以得到"空寂之知"才最为重要。然而，该宗的教义给人们的印象却是在自己之中存在着如"知"一样的美妙实体。

南宗顿悟禅

菏泽神会，师承六祖惠能，认为只有自己这一派才是禅宗正统，从而大力弘扬特征鲜明的"顿修顿悟"，为日后禅宗的发展注入了强大的动力。他在滑台大云寺举行了僧俗一体的"无遮大会"，与北宗神秀的弟子进行激烈的辩论，认为南宗才是达摩正系，倡导"渐修渐悟"的北宗神秀禅法不过是旁系，从而重创了北宗。《神会语录》就是攻击北宗的记录。不知是不是这个缘故，北宗禅

逐渐衰落，只剩下南宗禅，最后禅宗在全中国花开"五家七宗"。

这里根据六祖惠能的语录《六祖坛经》，讲述一下北宗禅与南宗禅的根本不同。在《坛经》中，黄梅山五祖弘忍禅师的弟子中地位最高的神秀上座与在碓房舂米的一介在家少年卢行者（即后来的六祖惠能，他当时是行者，即没有僧人资格的道场佣人）各有一偈语。

神秀上座的偈语（一）如下：

　　身是菩提树，心为明镜台。

　　时时勤拂拭，勿使惹尘埃。

　　（将身体比喻为开悟之树，将心比喻为清澈的镜子，经常擦拭，勿让镜中落尘埃。）

对此，卢行者的偈语（二）为：

　　菩提本无树，明镜亦非台。

　　本来无一物，何处惹尘埃。

　　（既没有开悟之树，也没有清澈的镜子，世上本来什么都没有，哪里会有尘埃？）

偈语（一）中，将迷（尘埃）与悟（菩提树和明镜台）对立思考，说明消除烦恼、大彻大悟是坐禅修行的目的；偈语（二）则彻底否定了分开考虑迷与悟，反问道，本来就没有人们所追求的悟，何来迷呢？

将迷与悟分开考虑的本身就是迷。只要不分开考虑迷与悟，就没有明言迷与悟的必要，所以卢行者（惠能）才说"本来无一物"。

在禅宗的传统里，将迷与悟视为一如的见解具有划时代的意义。世界著名的学者胡适先生曾指出，南宗顿悟思想实际上是"革命"的思想（胡适编《敦煌本六祖坛经》序文[1]）。

的确，不分别迷与悟，看似矛盾，实际上正是大乘佛教的根本特色。从这个意义上来说，六祖将印度传来的禅定思想作为大乘佛教所修的禅（大乘禅）独立出来了。

从迷悟中解脱

古代印度的二元论思想源自欧洲。二元论思想是在雅利安民族侵略印度时传入的，这是一种将所有事物视为二

[1] 出自胡适《菏泽大师神会传》。——编者注

元对立的思维方法，其中一例就是迷与悟的二元对立思考。

然而，由于希腊人觉悟到自己的无知，因此发起了求知运动，产生了哲学。因为哲学（philosophy）之语是爱知，所以归根到底是一场无知求知的没有终点的狂热运动，永远不会结束。

由于禅是宗教，必有终结。因此，即使迷中求悟，人生也会悄然而过。而且开悟的智慧不像哲学知识那样能够传给下一代，只能始于个人、终于个人，这就是作为宗教的禅。

这样看来，顿悟思想抛弃了理想主义或者印度式的对悟的追求，只从迷中得悟，这实际上是具有划时代意义的中国思想。这种思想非常符合"阐提得佛"的大乘佛教思想。

"阐提"虽指尚未开悟的迷惘凡夫，但"即身成佛"的思想却是极具高度的大乘佛教思想。罪业深重的凡夫能够摄受弥陀本愿的亲鸾思想，也同样是大乘佛教思想。

有意思的是，顿悟思想虽说是"顿修顿悟"，但"顿悟"一词却不是指时间方面的瞬间开悟，而是超越了迷与悟，所以否定了平常意义上的悟。同样，"顿修"也不是快速修行，它否定了坐禅本身。坐禅即习定。不管如何坐禅，一旦终止坐禅重回日常生活，就会失去意义。因此，"顿修"是指不拘泥于静寂之中的坐禅，是"无修定主义"。尽管如此，也不要完全放弃坐禅，而要在日常生活的各种活动中静下心来。由于超越了静与动的对立，因此这是将印度传统的坐禅方法变为中国的方式（即中国化）的结果。当然，这种坐禅方式在大乘佛经《维摩经》中已有论述。

自此，古印度的迷悟二元论和阶段性修行（"渐修渐悟"）被六祖惠能（卢行者）及其弟子菏泽神会完全否定，从而确立了中国特有的"顿修顿悟"禅。六祖惠能创立的南禅宗，到了唐末五代时期，在全国全面开花。

临济义玄继承了"南岳派"法脉，即通过源于南宗的六祖惠能的弟子南岳怀让、马祖道一传至百丈怀海、黄檗希运的法脉，以其独特家风，飒爽登场于当时的禅界。

入宋求法、将中国的曹洞宗传入日本的道元，继承了六祖弟子青原行思法脉，故在宗风方面，从一开始就与临济禅之间有相当大的差异。

马祖道一的平常禅

如上所述，自印度传来的禅，在中国很早就形成了数支各具特色与禅风的流派，最后只剩下第三种"直显心性宗"，其余各派次第断绝。

由于所有人都具有佛性，因此一味宣扬坐禅、消除烦恼、回归人本来就有的像明镜一样的佛性的"息妄修心宗"等，不太符合中国人的精神风貌。

"泯绝无寄宗"的主张类似于通常所说的虚无思想，主张一切空无，是一种极端的实体否定论。而宗密创立的菏泽宗，主张"知之一字，众妙之门"，认为佛陀智慧是所有佛教宗派的根本，而禅宗最胜。虽然这很难说是实体论，但我们能够从"知"字中嗅出实体论的气息。这一派的思想还具有哲学性，主张在日常生活的各项活动中发现真实。我想它有与中国自古以来的思维方式难以相容的一面。

因此，当时的禅宗思想分为两种，一种是假设存在"佛性""灵知"之类的东西；另一种是彻底否定一切。但是，不管哪一种，都只偏颇于某一方面而已。

然而，"直显心性宗"主张行中道或含两方，见、闻、话、步、寝等日常身体之用都是佛性，所以与其他三宗不同。这种禅宗思想，比起印度人的哲学、抽象思辨，更容易被在日常生活的具体行动中追求人类自由的中国人所接受。

如前所述，其代表性人物是江西的马祖道一。据说马祖容貌奇异，传记中有"牛行虎视，引舌过鼻，足下有二轮文"之句，也就是说虎目圆睁，走路缓慢，脚下有轮纹，象征佛祖释迦再来。特别是其全身给人一种异样的感觉。

马祖住传心院，每日坐禅之际，知其是法器的南岳怀让于是便见机施教如下。

南岳问曰："大德坐禅图什么？"

马祖："图作佛。"

怀让听后不知从何处拿来一块砖，在马祖面前磨了起来。马祖十分惊异。

马祖问："磨砖作么？"

南岳答："磨作镜。"

马祖问："磨砖岂得成镜？"

南岳："磨砖既不成镜，坐禅岂得成佛耶？"

　　南岳向马祖见机开示，认为坐禅成佛是极大的认识错误。这种错误就好比有人驾车，如果车子不走了，不是打牛而应叩车。这种解释非常幽默生动。

　　南岳又问："汝为学坐禅？为学坐佛？若学坐禅，禅非坐卧。若学坐佛，佛非定相。"年轻的马祖闻听，如饮醍醐。这就是"南岳磨砖"公案，已被编入公案集。

　　马祖常说："汝等诸人，各信自心是佛，此心即是佛心。达摩大师从南天竺国来，躬至中华，传上乘一心之法，令汝等开悟。又引《楞伽经》文，以印众生心地。恐汝颠倒，不自信此心之法，各各有之。故《楞伽经》云：佛语心为宗，无门为法门。"

　　马祖亦常说"即心即佛"，也就是说此心是佛。在被问及"为甚么说即心即佛"时，马祖回答道："为止小儿啼。"再问"啼止时如何"时，却回答说："非心非佛。""非心非佛"是与前面提到的"即心即佛"完全相反的回答。所以在马祖看来，心不能执着于此或彼。

[第二章]

《临济录》周边

宗教与圣典

之前讲过，佛教各宗派的"所依经典"是指作为立宗开教根本的特定佛经，这些特定的佛经非常明确。宗派创始人及其历代祖师均对宗祖选定的佛经阐释有各自不同的见解，通过加注、讲义、撰写论文等"论注"方式，将自己的观点传给弟子。这是宗派的"教宗"。

虽然历代祖师们加入各自的主观想法对其进行了解释，使之成为信徒们的信仰指针，但是，绝不允许歪曲佛经的丝毫内容，或者有悖于从前宗派创始人对佛经的理解。如果发生此类情况，即被视为"异端"或"异安心"，受到该宗正统一派的排斥，这样做的人也不会被后世尊称

为"传灯祖师"。因此，在一般情
况下，各宗教团使用的圣典及其对
圣典的解释，原则上都非常规范、
准确。

如净土真宗，为保障信仰纯
正，自古就有审查安心问题的正规
机构，即传统意义上的劝学寮，经
常裁决"异安心"问题（错误的经
典与论注解释）。众所周知，这种
情况不仅在佛教中发生过，在基督

悉昙文经典

教中也发生过，历史上甚至曾对"异端"采取过异常严厉
的斩首处罚。

特别是基督教《圣经》里有马丁·路德翻译的"太初
有道"，其中的"道"（言辞）就是上帝的真理（logos）。佛
教也一样，佛陀所说的经典绝不是单纯的语言，更不是单
纯的"符号"，而是具有神圣的"象征"性的。

真言宗，正如所显示的"真言"之名，是指从佛陀的
金口中迸出的"真言"（真实的语言）。将其作为陀罗尼口
出的话语，这本身就是与宇宙的主宰者——大日如来相一
致的"秘密"。正如哲学家海德格尔所说，"道"不是运用

真理的手段，而是真理本身。

教外别传一派

然而，禅宗却没有自己特定的经典。从这一点来说，禅宗是宗教中的例外。由于达摩规定"不立文字，教外别传"，所以才没有特定的圣典。如果有了，就不是禅宗了。所以禅宗没有任何约束个人"信"的绊脚石。

通过各自修行，获得与佛陀一样的正觉（觉悟），再将这种大彻大悟发挥得个性十足，并根据自己的信念，自由奔放地指导弟子的修行。不用说，它是佛教的一派，当然不会无视佛经。对于禅僧来说，佛经不过是"真如（佛的智慧）之月"之指，即"指月之指"（《禅源诸诠集都序》上）而已。因为其终极目标是将真如之月视为己物，所以作为显示月之所在的雾海南针的"指"非常必要。因为"指"不是目的，所以如果将其理解为佛经就万事大吉则远远不够。

借用《庄子·外物篇》中的"筌蹄"，可以说文字和语言不过是捕鱼的筌及捉兔的蹄。虽然筌和蹄都是捕捉猎物的必需品，但一旦捕捉到猎物，它们将毫无用处。

对于佛经与语录，禅宗则持有完全不同的见解。在

我国，最早将临济禅传入日本的人是荣西禅师，其所著
《兴禅护国论》中也明确记载着以下内容："与而论之，
一大藏经，皆是禅所依之经典；夺而论之，无有一言为
禅所依之经典。"

　　禅宗不仅没有所依的经典，更没有宗门统一的特定语
录。也就是说，谁说什么都可以。这样一来就显得异常危
险，禅宗就会解体消亡。但是，自达摩以来的"以心传心"
的"宗旨"（临济宗门的根本）必须永驻世间，因为这是禅
宗最为重要的命脉，是禅之一派的存在价值。

　　因此，必须有人继承佛心印的命脉。"一个半个"等极

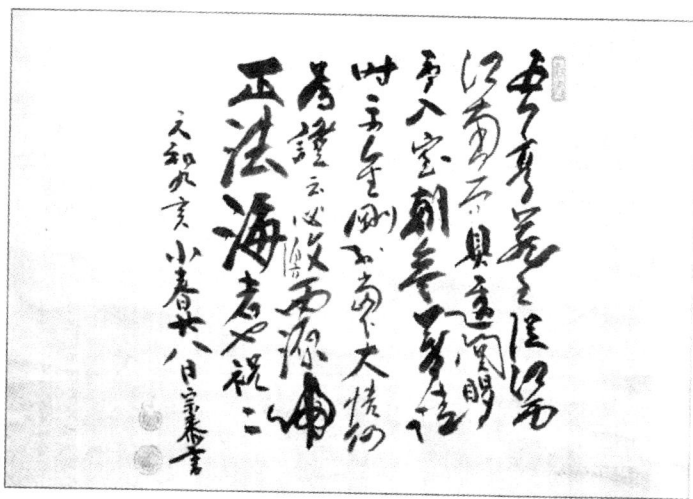

印可状　云屋宗泰笔

少数人可以从师父那里获得"印可证明"或"印可状"，这些人被敬为"传灯祖师"。

他们可以各自自由自在地标榜自己的禅，虽然都说是禅却不固定，所以常说，"有多少祖师，就有多少种禅法"。也因此才有赵州禅、百丈禅、临济禅、黄檗禅、大慧禅，以及日本的一休禅、盘珪禅、白隐禅、泽庵禅等。

没有统一的、相同的禅，是禅宗特色。它们皆因各自独特的"宗风""家风"而名闻天下。

但是，同为禅宗，日本曹洞禅却略有不同。即只有日本曹洞宗创始人道元所著的九十五卷《正法眼藏》才是金科玉律。该书内容条理清晰，接受此法的人不能随便解释。如果随意解释《正法眼藏》，就将被视为异端。

什么是禅宗语录

所谓"语录"，就是中国从远古时代开始，由门人、弟子记录的博学者、德高望重者或者先生平生说过的话。不加修饰，原汁原味，称为语录。不依赖特定经典的禅僧们，也开始学着记录自己受教师父的话语及其日常生活中所见所闻的言行。作为经典的替代品，语录拥有很高的权威性，

这不能不说是极具中国特色的产物。

虽说是语录，却不是禅师的弟子们用笔和纸追赶着记录师父的言行，因为马祖道一等常常告诫门人"莫记吾语"（《马祖语录》），所以禅宗初期没有语录。

虽然前些年从敦煌出土了达摩《二入四行论》及《六祖坛经》等古代禅宗文献，但它们并不是真正意义上的语录。一般认为，北宋时期临济一派的黄龙慧南集马祖道一、百丈怀海、黄檗希运、临济义玄四人的语录之大成而编纂的《四家语录》是最早的禅宗语录。

虽然禅宗以外的其他佛教宗派也有类似的书籍，但却只是对经典的解释，也就是之前所说的"论注"式的圣典。禅宗所说的"语录"，不是对经典的讲解释义，而是记录历代祖师日常为门人所吐露的禅心的一部分，并未被奉为所谓的"圣典"。因此，作为极端的事例，大慧宗杲甚至将其师所编的《碧岩录》付之一炬。

又如禅宗祖师的说法，"无说之说，无语之语"，一针见血地揭示了那种用语言难以表达的深邃悟境。不是深具禅心的人，无论如何都难以理解。因此，禅宗如果不是通过长期修行并以身继承佛祖慧命的"传灯祖师"，是不允许"提唱"语录的。门人们全身心地倾听师父的"提唱"，把它作为雾海南针，激励自己修行。

禅宗语录的阅读方法

关于语录的阅读方法，道元在《正法眼藏》中解释为"法华转，转法华"。所以，对于像《临济录》那样的语录，并不是被它牵着鼻子走，而是自由深入地阅读。如果不是自己肯心自许、心领神会的话，便没有任何意义。

从这个意义上来说，基督教在 20 世纪末开始进行的"《圣经》非神化"运动就是合理的。因为《圣经》是耶稣的话语就全盘接受，这是否到了该结束将其作为自己信仰基础的时候了呢？

实际上，《圣经》在漫长的历史过程中被添加了许多多余的部分。如果运用文学的表现方式及史学的研究方法对《圣经》的内容进行分析，就会明白后世添加的占绝大部分。历史上，信徒们不断加入自己的思想，反而产生了神化耶稣的结果。因而才引发"非神化"运动，也就是为了排除那些后来添加的部分，直接信仰纯粹的"耶稣话语"的新运动。

也许是受这种"非神化"运动的影响，佛教界的中村元先生写出《佛陀之语——收录于南传佛教经藏内的巴利语佛经》（岩波文库），书中收集了最为古老的佛陀的片言只语。不管怎么说，由于佛教徒的虔诚信仰，一切经在漫长的历史长河中被加入了佛教徒们各自不同的所思所想。它们作为信徒的"信仰告白"固然重要，然而不管多么简单朴素，回归最古、尽量靠近佛陀之心，才是理所当然的理性诉求。

本书作者在对待《临济录》方面，虽然与"《圣经》非神化"运动没有直接关系，但却将其作为思考方向，依然从解释学的角度将《临济录》引导到自己的研究轨道上，所以未必与现代趋势无关。

"语录之王"——《临济录》

下面让我们以《临济录》为本，开始一起学习临济其人和他的思想。作为学习的教材，请准备入矢义高译注的《临济录》（宽大版，岩波文库9）。本书中所引用的《临济录》的原文，均显示此种教材的页码，这样一来你就能够非常简单地找到原文。

在数量庞大的禅宗语录中，《临济录》自古以来就被尊

《临济录》及其序文

为"语录之王"。为什么《临济录》会受到如此高的评价？因为作为禅师语录，它具备了完美的表现方式。《临济录》的内容是按照序、上堂、示众、勘辩、行录、塔铭（又名塔记）等顺序编成的。

首先，开头部分的"序"概括地介绍了语录全貌，由当时的著名文人马防所写。关于马防其人，虽不详，但从他的官衔来看，像是中央官僚机构中的人。《临济录》序文，是由这样的一个人所写，因而自古受到禅门修行人的青睐。

在日本的明治时代和大正时代之前，按常识来说，临济宗的僧人们都能背诵这篇序文。行脚诸方的禅之修行者们（云水僧）在向当地寺院投宿（请求住宿）时，在门口穿着草鞋的情况下，定会被寺院的和尚要求背诵

《临济录》序文。不能熟记者，则被视为流浪的野和尚而惨遭拒绝。

其次，"上堂"是指在禅修人共同生活的集体——丛林中、在"清规"（集体生活规则）规定的日子，住持高登法堂（说法之堂，是七堂伽蓝中最重要的殿堂）——须弥坛上，面向雁立（并排站立）于其下的修行大众，按古则宣扬禅宗第一义。这就是史料中记载的语录中最为重要的"上堂"。

再次，"示众"是指记录禅师在平时非正式场合对禅修者的说法内容。在不坐禅的时候，禅师会将弟子们集中到禅堂后的照堂边，向他们讲解生活中的一些具体情况。当然，有时候也解说禅宗本义。

接着，"勘辩"中的"勘"有"审查"的意思，也就是在日常生活中通过师徒之间的问答，达到激励弟子修行的目的。即使正在出坡（劳动）时，师父也会突然向弟子问讯。所以，"勘辩"就是对禅师个人指导内容的记录。

然后，"行录"记录了临济和尚一生的言行，类似于传记。语录的最后还附有"塔记"，是临济墓塔（临济的墓塔被称为"澄灵塔"）上的铭文，赞叹临济的一生，作者是临济之后四代的风穴延沼。

总之，《临济录》是对临济禅非常完整的记录，如果仔细阅读，就会知道临济禅的根本。

"五家七宗"的家风

晚唐至五代时期是中国禅宗的鼎盛时期，后人将当时的禅宗分为"五家七宗"。如果想了解各自的特色，可以读一读"五家评唱"。"五家"是指沩仰宗、临济宗、曹洞宗、云门宗、法眼宗。由于临济宗后来又分为黄龙、杨岐二派，五家再加二派，即谓"七宗"。

由于各宗派的"宗风"或"家风"差别很大，因此后人常加以比较、评判。虽然基本上以《五家语录》为主，但它只是五家禅僧的语录集，并没有对各自宗旨进行评判和分析。

最具代表性的"五家评唱"有《五家正宗赞》（四卷，宋希叟绍昙撰）、《五家宗旨纂要》（三卷，清三山灯来撰）、《五家辨》（一卷，日本室町时代虎关师炼撰）、《五家参详要路门》（五卷，日本德川时代东岭圆慈撰）等。

五家各自家风的差异，实际上是禅的丰富多彩性的一种体现，仅此一点就可以说禅宗是自由奔放的。看到这些评唱，你就可以了解各自家风的特色及其不同之处。下面具体分析一下。

首先是沩仰宗。此宗如同"沩仰公家"的称谓一样，品位很高。尽管该宗已消亡，难窥其貌，但是"父子一家，师资唱和"，师徒间的呼吸非常契合，这就是它的特色。呼吸的内容是"语默不露，明暗交驰，体用双彰，无舌人为宗，圆相明之"。有些难懂，意思是师徒之间相互沉默不语，从而达到情投意合的境界。

亦有"方圆默契"的说法，"方"指四边形。即使像方、圆那样性质完全不同的师徒，在大彻大悟的境界上也没有丝毫偏差。师父就是要将弟子们引入这样一种境界。

师徒间的呼吸达到相互契合的程度非常重要。无论是相互问答还是沉默相对，都没关系，目的是二人之间达到真理的明（体，或现象）与暗（用，或本质）的相互交融。沩仰宗就是以"圆相"显现明与暗的默契。

其次是曹洞宗。此宗被称为"曹洞土宗"，如农民耕田、播种、除草、收获，一贯"丁宁绵密"。

被世人评为"家风绵密，言行相应，随机利物，就语接人""究心地，论亲疏"，即平静观心地。

关于曹洞宗的宗旨，有"驰书不到家"的评说，其义难懂。《禅学大辞典》中简单地解释为，"书信未送到家。

寓意为在文字、语句方面未达真意"，其意更加深远。

幸运的是，日本的曹洞宗是永平道元入宋得天童山如净的法后开创的，目前是日本最大的佛教教团组织。曹洞宗的代表性修行法门是默照禅，即通过寂静坐禅（只管打坐），证照佛之悟境，强调在日常生活中修行。道元说"本证妙修"，就是重视一切众生本来具有的佛性，不是在每天的生活中加以体验，并一味地坐禅求悟。"威仪即佛法""作法即宗旨"就是曹洞宗的宗旨。

再次是云门宗，此宗今日已不复存在，在唐代被誉为"云门天子"，高贵难测。亦有"红旗闪烁"之说，即仿佛依稀可见深山中茶社的旗幡，实际上什么也看不到。这是学生时代从山田无文[1]老师那里听来的。

其特色是机锋峭峻，语言简洁明了。传说门人有80余人，实际上据《传灯录》记载有61人，《五灯

云门钟声七条　白隐慧鹤笔

[1] 山田无文（1900—1988），日本著名佛教友好人士，日本临济宗僧人。曾任妙心寺灵云院住持、花园大学校长、禅文化研究所所长、南太平洋友好协会会长、临济宗妙心寺派管长、全日本佛教会会长等。

会元》中称有 76 人。从中可以知道，云门一派是何等的人才济济啊！

宗祖云门文偃是禅僧中非常重视"言语"之人。因此，云门宗甚至有"选言句，论亲疏"的评唱。到了北宋，云门宗迎来鼎盛时期，与临济宗齐名，尤为上层阶级所仰慕。南宋时期衰微，元时灭亡。

最后是法眼宗，今也不见。它由法眼文益所创，如所评"先利济，论亲疏"，指导弟子时非常耐心亲切。著名的"法眼四机"，就是指导弟子所用的四种机法。"言中有响，句里藏锋"，其接化之语句似颇平凡，而句下自藏机锋，所以有"巡人犯夜"之说，意思是夜间巡逻时，被警告不得松懈，令人不寒而栗。

《五灯会元》卷十有非常有意思的关于法眼的记载，他原来学习唯识。某日行脚途中，因遇暴风雪而投宿地藏院。夜间，他还向地藏院的罗汉桂琛洋洋得意地讲解了唯识。

次日清晨，正要辞行之际，送行到门外的罗汉桂琛问："且道此石在心内，在心外？"由于唯识认为三界唯心,所以法眼回答说:"在心内。"于是桂琛又言:"行脚人担块重石头,太辛苦!"法眼遂换衣留在罗汉处,嗣其法。法眼文益本来就是这样的学者,他留下来的禅诗及铭文达数万言,《宗门十规论》是其代表作。

临济宗印象

众人对临济宗的评价,最著名的当属"临济将军",又有"机锋峭峻"。由于接引弟子的方法异常严厉粗暴,亦有"五逆闻雷"的评价。"五逆"指五逆罪,属于佛教戒律中的重罪,如杀佛弑亲等。犯此重罪,无颜面对天下,唯有低头向下,此刻似五雷相鸣,震碎心肝。

来到临济面前,也如这般恐惧,弟子们实难沉着安然。时常被动地与师站在对等的立场上,互为主或客对机问答。所以,"战机锋,论亲疏"是临济宗的特征。

曾我蛇足所画的真珠庵藏《临济像》(一休和尚赞)及白隐画的《临济像》,都是"喝"之怒相。说起临济禅,一般人的脑海里浮现的都是这种画面。由于这是根据各种临济的传记及《临济录》的记载而想象着画出的画像,因此临济被视为具有激烈性格的人,也就是所谓的"禅机图"。

临济像　曾我蛇足画

临济和尚是否就像"顶相"（禅僧的肖像画）中所画的那样呢？目前还不清楚。

而明兆画的《临济像》及《佛祖正宗道影》内的《临济像》，看起来却相当温厚。

临济为什么采取那样一种粗暴的教育方式呢？可能与他所处的环境有关吧。临济到底是怎样的一个人呢？首先要从他的生平谈起。

[第三章]

人间临济的诞生

❖

出家之前

关于临济义玄（又被尊称为临济慧照禅师）其人，在"临济慧照禅师塔记"（《全唐文》卷九百二十）、"真定十方临济慧照玄公大宗师道行碑铭"（《临济录》）、《祖堂集》卷十九、《宋高僧传》卷十二、《景德传灯录》卷十二、《传法正宗记》卷七、《佛祖统纪》卷四十二、《天圣广灯录》卷十、《建中靖国续灯录》卷一、《联灯会要》卷九、《五灯会元》卷十一、《佛祖历代通载》卷十七、《释式稽古略》卷三等文献中有很丰富的资料，这些资料中的内容也都相似或相近。虽然是千年之前的历史人物，但正因为人们仰其为临济宗的创始人，所以他的毕生言行得以详尽地流传下来。

　　他的出生年份不详，但卒于 867 年，由此可推知他活跃于晚唐时期，距今一千多年。比叡山延历寺创建于 788 年，最澄及空海乘遣唐使船入唐求法则是 804 年，圆仁可能在 837 年、圆珍可能在 853 年乘遣唐使船或搭乘唐朝的商船前往唐。从中可以看出，临济活跃的时代是中国佛教最鼎盛的时期。

　　"临济和尚"这一尊称，源于他曾在镇州住过的临济院。"临济院"之名，可能取自"矗立在河畔之院"的意思吧！

　　临济义玄生于曹州南华的邢氏之家。曹州辖境相当于现在的山东菏泽、曹县、东明及河南兰考、民权等市县地，从地图上看，位于中国的北方，黄河南岸，在当今山东省与河南省交界处。那个因为"狗子还有佛性也无"的问答而有名的赵州从谂也出生于这一带。

　　据"塔记"记载，临济年幼时聪颖灵异，明显超出其他孩子，稍长即以孝行闻名乡里。少壮时即立出家之志，并博览佛教经典。"塔记"里有"居于讲肆，精究毗尼，博赜经论"的记载。

　　剃度受戒时，就得到了法名"义玄"，正式成为一名僧人后，热心倾听各种佛学讲座，并深入经藏，博览群经。

　　他尤为重视对戒律的学习，是因为"戒"是佛陀"三学"［即戒（戒律）、定（坐禅）、慧（开悟智慧）］之一，不懂戒律，难以成为出家僧团成员。然而，他最终知道，学习佛经虽是"济世之医方也"，而"非教外别传之旨"，于是脱下教宗之衣，换成禅宗打扮。

"济世之医方"，可以说是入世的手段。如果仅为入世，则没有必要出家。对于临济来说，摆在他面前最重要的课题是他为什么会来到这个世界上，他要如何度过并充实人生，于是他选择了出家。

他认识到，不管学习佛经有多深入，也不过只是画饼充饥，不能真正解决自己的饥饿问题。"非教外别传之旨"表达了临济的不满，即使学习了很多佛经，他依然难以明白佛经中所说的佛之本心。对临济来说，"教外别传"就是传于佛典之外的佛陀禅心。自己之所以出家，是因为意识到只是一味地学习佛经，短暂的人生将会很快结束，进而对佛教学问失去了信心。

临济塔

叩启禅门

就这样，临济身着"头陀行装束"（行脚装束），来到遥远的南黄檗山，叩开了天下闻名的黄檗希运和尚的大门。因为禅，正是他从前深深仰慕之道。

黄檗希运生于闽州（今福建省福州），在黄檗山出家后登江西百丈山，参百丈怀海并嗣其法，从而成为传灯的禅者。

后住大安寺，接化来自四面八方的修行人。随着德风日渐名闻天下，当时的宰相裴休（信仰佛教）邀请他到江西省的钟陵，因怀念故乡的山峦而取名"黄檗山"并住下来。

由于仰慕黄檗和尚的家风，来自中国各地的修行人陆续来到此地，他也一一进行了亲切指导。《传心法要》是黄檗禅师的语录，至今仍留存于世，象征他的恳切禅心。

据《临济录》中的"行录"记载，临济来到天下著

三十七祖黄檗希运禅师

名的黄檗道场，每日过着"行业纯一"的生活。这是他在黄檗道场的生活态度。在 500 多名修行僧人中，他与众不同，非常认真。

此时在黄檗道场辅佐黄檗老师的首座 [1] 睦州道明（生卒年不详）看到临济日常的表现，注意到"虽是后生，与众有异"。实际上，临济受到过睦州的莫大恩惠。

据传记记载，睦州又叫陈睦州，或名道踪，相当有人情味。"首座"一词来源于印度，是寺院的一个职务名称，中国亦称"上座"。担任这一职务的人一般年龄都比较大，出身及经历一目了然，年少时即受戒，或证得道果（开悟），因深受大众的尊敬而当选。

据禅宗逸话集《祖庭事苑》记载，睦州出生时红光满室，紫色的祥云盖空，一直持续十日后才散。双目中各有两个瞳，脸有七星（黑痣）。持戒精严，学通经律论三藏。后叩禅宗之

三十八世睦州道明禅师

---

[1] 首座，地位最高的弟子。

门，作为黄檗的弟子，嗣禅宗之传灯而驻锡道场。

后离黄檗归乡，在闭门养母之余编织草鞋，悬挂于门上，供养往来行人，人称"陈蒲鞋"。其出家七十六年，世寿八十八岁。由于陈和尚德高望重，而被世人尊称为"陈尊宿"。在中国历史上被称为"尊宿"的，只有睦州道明一人。

行业纯一之人

"行业纯一"并不是为了早日开悟而目不斜视地一味坐禅。当时的禅宗不是为达悟境而静心坐禅的静寂主义的坐禅，而是已经转化为适合中国人的、以平静禅心面对日常生活的平常禅。

与其期待彻悟，不如在每天的行、住、坐、卧之中学会贯彻"平常无事"，这才是禅僧向往的境界。

因此，上文所说临济"过着'行业纯一'的生活"是指临济是一位虚心接受长辈教导的温顺之人。只有用这样的态度去生活，才会受人尊敬。

据《六祖坛经》记载，六祖惠能也同样温顺。他即使来到黄梅山五祖弘忍那里，也未曾去过老师的房间参禅问道，只是每天从早到晚在舂米的作坊内捣米不止。也就是在每天的日常生活中实践《金刚经》中所讲的"应无所住而生其心"。

同样，临济也每天默默地做着自己的事情，"行业纯一"向我们传达了这样一种态度，即与之前一味地学习佛经不同，认真驱使自己的身体做想要做的事。也就是说，人还是应该"不言实行"。

看一看当代学校的老师们，就会知道他们在大学的教育系毕业后，第二天就登上讲台，成为教师，他们并不知道"不言实行"的含义。所以，我一直怀疑他们能不能达到教书育人的目的。

吃黄檗三十棒

一直看在眼里的首座睦州，肯定认为这个男人不是一般的人。于是问："贵公来此道场，有几年了？"临济答："三年。"又问："三年间一次也没向黄檗老师参过禅吗？"答："没有。我甚至不知道应该如何提问。"

古人一直认为临济的这一回答非常完美。实际上当我们稍有不明白的时候，就会不加思考地马上提问，所以这种浅薄的提问方法很难说是真正意义上的禅僧之"问"。因为禅宗提倡"亲者不问，问者不亲"（大梅法常之语）。

向师父随意提问，不过是发自头上的问题，而不是来自脚趾尖的全身心的提问，距离答案还非常遥远。"甚至不知道应该如何提问"这句话，是提问的人与被问到的事情已经成为问的一体的证据。所以禅人将其称为"大疑团"。正如"大疑之下有大悟"，只要提问清晰，就说明问者已在答案的附近。"答在问处"（《天目中峰和尚广录》）就是这个道理。

禅修之人常常提的问题是"究竟我为何物"，如果提问的"我"和被问的"我"是割裂的，则是不行的。真正的问，应该是提问的"我"和被问的"我"为同一个人，这种提问才是坚实的。这就是"大疑团"。

这样的问，说明已经完全消除了问与被问的分别意识，这种问被称为"大死一番"。

所以，临济回答不知道如何提问，就说明他已站在答

应无所住而生其心
斯经慧梁笔

案近处。因此，首座问临济"如何是佛法的大意"，即告诉他应该提问佛教的根本是什么。纯朴的临济随即来到黄檗的房间，完全按照首座所说，刚一提问，就遭到黄檗老师的棒喝。

临济不知道什么原因，马上去向首座汇报。首座又告诉他再去提问同样的问题。于是他再次来到黄檗处，又同样吃了三十棒。如此反复三次，临济不知所以然，找不到答案。失望之余，决定离开这座道场。

首座了解情况后，就对黄檗老师悄悄耳语道："那个年轻人如果来辞行，就让他去找大愚和尚。"于是临济就前去参访曾经与黄檗和尚一起在马祖道场修行的大愚和尚（生卒年不详）。

言下大悟

大愚问："从哪里来？"临济答："从黄檗门下来。"大愚问："黄檗有什么话说？"临济："我三次发问佛法的大意，三次挨打，我是哪里不对呢？"大愚："黄檗如此为你恳切婆心，他打你是为你解粘去缚，你怎么到我这里问对错呢？"

听到大愚和尚的这番话，临济"言下大悟"，随即道："原来黄檗的佛法就这么简单，没有什么呀！"于是大愚和尚抓住临济问："你这个小和尚，刚才还哭哭啼啼，现在又说黄檗的佛法没有什么，你明白了什么？快说。"这时，临济突然向大愚老师的肋下打了三拳，大愚撒手把临济放了，说："你的师父还是黄檗，非我所知。"

临济不久返回黄檗门下，向黄檗叙说此事。黄檗说："非痛打大愚一顿不可！"临济道："说什么呢，现在就揍他一顿。"一边说着一边向黄檗老师的脸颊打了一巴掌。"你往来四方现在怎么摸俺的虎须呢？"黄檗看到临济的大悟，非常满意。

棒图
道得三十棒 道不得三十棒
隐山惟琰笔

这样，年轻的临济在黄檗和大愚两位和尚的共同指导下，终于成为一名真正出世的禅僧。临济究竟是怎样从两位和尚那里得到这样一股强大的力量的呢？后来仰山慧寂的师

父沩山灵祐的回答是："临济非但骑虎头，亦解拔虎尾。"

也就是临济站在两位伟人师父的肩上，得以自由奔放。在开悟的力度上，如果不能超越师父，就难言是真正的弟子。所以禅宗说："见，过师方耐传授。见，等师时减师半德。"（《传灯录》卷十六岩头全豁章）[1]

---

[1] 《景德传灯录》卷十六岩头全豁章有："岂不闻智慧过师方传师教，其或智慧齐等，他后恐减师半德。"——编者注

[第四章]

机锋峻烈的家风

山中栽松

自此以后，临济作为禅人发挥了怎样的作用，又显示出了怎样的禅心？为了找到这些问题的答案，我从《临济录》末尾的"行录"中截取了几个片段。

"临济栽松因缘"的话头非常著名。某时，临济一个人在山中栽种松树，黄檗老师走过来说："在这样的深山中栽种松树，是怎么考虑的？"临济坚定地回答："其一是为了美化寺内的景观；其二是可以作为今后来到这座寺院的年轻僧人的修行目标。"然后又拿起铁锹，继续栽松。

黄檗老师说："你也不必树立那样的目标。因为你已非常了得，而且不是已经接了我的法了吗？"临济没有任何

临济栽松图　仙厓义梵笔

反应，继续挥锹，并发出了"嘘嘘声"。

"嘘嘘声"，意思是"从喉咙深处发出的细小且快的声音"，是不是也伴随着他的暗自偷笑呢？黄檗老师也非常欣慰地说："拥有像你这样出类拔萃的后来人，达摩的宗旨也就安泰无事了。"

虽然看起来没有什么，却是著名的"临济栽松因缘"话头。即使在今天，当走访日本京都、镰仓的临济宗寺院的时候，你还是会发现每一座大本山内都是一色的松树，说明临济宗非常重视这个话头，并以此怀念临济。

深山中本来生长了许多松树、杉树等高大树木，临济却为什么还要栽种松树呢？简直像在屋顶上再搭建房屋啊。然而，好像这里藏有更深的含义。如果勉强解释，那就是，自然生长的许多松树与特意流汗栽种的松树虽然都是松树，却有不同的意义。

禅宗的确如此。比如这个桌子上有花瓶，它对于我们来说是一道无关紧要的风景，因此在被问到"这是什么"时，大家都会惊讶地回答，"花瓶啊"。

然而，当大家被问到"这个是什么"，而且真正知道世界上只有唯一的"这个"时，会怎样回答呢？花瓶等物，实际上一个也不存在，它们是"花瓶"的非存在概念。因此"这个"不是"花瓶"。

"这个"是世界上唯一的"这个"，如果破碎了，"这个"将从世界上消失。但是即使"这个"破碎了，"花瓶"却永远都不会破碎。因为花瓶等物，不过是不存在的虚空概念罢了。

任何事物都是如此。虽然我会心平气和地介绍"我是西村"，但是"我"或者"西村"只是世界上不存在的临时名称。存在的东西只是这一躯体。它作为证据，即使在我去世后，也只有"西村"这个名称会永存于世。因此只有一次人生的"这个"与可以任意改变说法的"西村"，是完全不一样的。

我们容易混淆，而"西村还活着"或者"西村已过世"等不过是完全不存在的概念的游戏而已。因此，不能说

"我"是不可替代的。通过坐禅必须要确认的，应该是活生生的生命。

临济在自然生长着大片松树的山中特意栽种的松树，是这座山中独一无二的"这一棵"松。如果不是那样，"栽松因缘"的话头将没有任何意义。人类社会也同样如此。在群众之中，自己不过是淹没于人群中的一个人而已，而人群之中的自己作为不可替代的"单独者"，有个明确的认识难道不是很重要吗？

临济为创造"后人的目标"，在大片松树中特意栽种一棵松的意义就在于此。禅宗就是让人从日常公式化的虚妄之中回归真实的自我。难道这不正是临济想为后人留下"人类生存方式"的"目标"吗？

推倒德山

德山宣鉴坐在坐禅的椅子上，临济站立一旁。虽然不知道临济的出生年份，但从临济在德山去世两年后圆寂来看，可以想象两个人几乎是同时代的人。因此有"德山棒，临济喝"之说，二人均以峻烈闻名。德山与临济两人法脉不同，分别属于青原系和南岳系，但是他们相互熟悉并有交流。

德山对旁边的临济说:"今天很累了。"临济回答:"这个卜在说什么梦话呢。"于是德山突然拿起旁边的拐杖打临济。临济没有沉默,推倒了德山所坐的椅子。德山没有任何反应,沉默不语。

两位禅宗大家之间心有灵犀的一幕,被记录在《临济录》中,他们的心是相通的,内含深意。古人这样评价德山的反应,"不风流处也风流"(《明应抄》),好像不到此就达不到禅的究竟。

有的人在讲解《临济录》时,会说:"这里显示了临济非同寻常的禅机。"好像临济胜出,而德山的做法不也很有趣吗?如果是平时,德山会马上挥棒,激烈地应对。"今天很累了"这句话,让我们看到了他示弱的一面。读懂德山心思的临济又猛地把他顶回去,怎么能顺其意呢?于是,德山又和盘端出其老顽固的本性,无理地挥棒便打。

坦白说,德山能够被临济激发出来,的确很美妙。虽然临济推倒了德山的椅子,我还是感觉临济不像德山那样老练。德山没有逆向而为,而是淡然地停止问答,引身而退，这显示了德山超然的境界。所以，我对颇似古佛赵州的德山抱有好感。

德山到了晚年，就变得糊里糊涂的。看一看有名的话头"德山托钵"（《无门关》第十三则）就能够见识到德山的老态。

德山在云板和鼓均未敲响时，就一个人拿着餐具来到斋堂。弟子雪峰马上解释说："师父啊，吃饭的钟声还没敲响呢。"德山一边回答说"是吗"，一边返回自己的房间。

由于弟子岩头说，"德山师父也有些精神恍惚"，德山便把他叫过来问："你是不是说我坏话了？"于是岩头来到德山老师的身边，附耳低语了几句，德山老师听后连连点头称是。翌日，德山老师的态度与前天相比，发生了180度的大转变。

岩头究竟向德山老师耳语了什么？这个话头（公案）的核心，总觉得与刚才被临济推翻椅子的话头有异曲同工之妙。从说"今天很累了"和即使被推翻椅子也以沉默了事等言行表现，我们可以看到老德山的真面

不风流处也风流
山田无文笔

目。那个动辄就棒打的德山，到了老年也显示出了老年人特有的衰弱，这一点实际上也非常难得。

令人恐怖的问讯

在禅人的世界里，不知道何时、何地、与谁相遇并相互问答，被人探寻自己的心境，都可称为"法战"，即对方试探自己的悟境程度。用日语表示就是"挨拶"，中国禅宗则称之为"问讯"。日语中"挨"和"拶"都是试探对方的禅语，所以日本人常说"一挨一拶"。

我们每天都会说"您早"或者"你好"，这是相互问候，但"问讯"是禅宗语言。实际上，每一次问讯都应非常认真，因为关系到自己修禅的成败，所以问讯不能千篇一律。下面的例子才是真正意义上的问讯。

松尾芭蕉在深川芭蕉庵时，某天早上佛顶禅师前来拜访，芭蕉出门相迎。于是禅师突然发问："最近过得怎样？（近日尊公如何？）"芭蕉答："清晨的雨令苔藓

添水画

更加润美。（雨降青苔润。）"禅师再回一箭："如果没有下雨会怎样？（雨未过时如何？）"正好此时雨蛙"扑腾"一声跃入庭院的水池中，芭蕉即答："蛙飞入，水之音。"这就是那首著名的《青蛙》俳句："闲寂古池旁，青蛙跳进水中央，扑通一声响。"这个话头被收录在《芭蕉全集》之中。

我们在日常会话中经常说"请勘辩"，好像是说请体察我的心情并原谅我。其实，正确的解释应为请原谅人之过错、不要责备，这也与禅宗的问讯一样，是师父探查弟子的悟境的方式。《临济录》中，又特意地归纳在一起，即临济对弟子的"勘辩"部分。由于"勘辩"部分是对高度悟境的核查，所以本书暂不细述。

请活埋我

下面是黄檗门下全体人员出坡时的话头。"普请"是日常的佛事活动之一，每当普请日，师父及其门下一个不剩，全部出外劳动。

临济在田里锄地时，黄檗老师习惯性地走过来。靠近临济的黄檗对依锹而立的临济说："怎么样？看样子很累啊。"临济回答："锄都没有挥动，有什么可累的。"黄檗老师挥棒便打。临济迅速接棒，顺势把老师推倒了。

黄檗对身旁的维那（高位弟子）说："快把我扶起来。"扶起老师的维那说："师父，不能原谅这个疯癫汉的无礼。"刚刚站立起来的黄檗老师便棒打维那。见此情景的临济却视而不见，一边锄地，一边说："诸方火葬，我要将这二人活埋。"

三个人在田地正中央演出的这场戏，到底意味着什么呢？他们的言行无疑是禅心的显现，不是笑谈，也不是暴力。他们之间的机锋相交如"闪电光，击石火"。

《临济录》中全是这样的话头，而且采取推倒或者棒喝这样非常极端的方式，让人惊讶于世界上还有这样一种奇怪的宗派。而且，如果不明其意，就不会被认可为真正的禅僧，所以需要通过坐禅，全身心地探究语录中的问答及话头的深意。

正如禅所被称的"身学道"那样，它不是精神范畴，而是通过身体解决自己及世界的课题。即使是佛心，也不在身体中的哪一个部位。在身体之中栩栩活动着的就是佛心，也可称为佛性。

为了让人们意识到这一点，师父只有一直不停地向弟子的身体诉求，临济等人就是采取这种方式的典型人物。

刚说点儿什么，师父马上就"把住"（抓住）弟子的前襟，或者"托开"（推倒）。于是弟子们不懂其意而"伫立"（呆呆地站立）。师父又一喝，直逼弟子。下面我试着分析一下刚才那个在田地中发生的话头。

临济停下所做的事，呆呆地站立，引来无数的目光，这很奇怪。为了让师父黄檗说些什么，弟子就垂下了鱼钩。即使听到黄檗"累了吗"的问话，依然算计着还想让师父说点儿什么，临济就过于正直地回答说："没有怎么劳动，不累。"所以遭到黄檗的棒打。正是用刚才挨打的棒，临济又把黄檗推倒了，真是以眼还眼、以牙还牙。古人评之为"得人一牛还人一马"（《明应抄》），很有意思。

黄檗"快把我扶起来"，既是对维那说的，也是对临济说的。"闭眼食蜗牛，一场酸涩苦"（《明应抄》），黄檗老师也很辛苦啊。这里不得不指出的是，见机说"不能原谅这个疯癫汉的无礼"的维那没有领会师父的本意，只是流于世间的人情世故，脱离了目标，儿女不知父母心。而且，棒打维那的黄檗，也做了蠢事，被说成"如叩死雀"（《明应抄》），也是无可奈何了。

因此，临济才说"将这二人活埋"，以致挥舞铁锹。如果打杀之后再火葬的话，说明依然在世间，活埋则出乎意料。这就是临济机锋的可怕之处。

睡虎之机

某日，临济在僧堂前坐禅，黄檗老师从对面走来，临济马上闭眼装睡。黄檗摆出很恐惧的样子，然后回到自己的房间。临济马上停止坐禅，紧随其后来到方丈室（师父的房间）道歉说："刚才睡着了，一不留神就失礼了。"这次就讲这个话头。

坐禅时的正确姿势应该是眼睛微睁。眼睛睁得大大的，心容易散乱；闭眼则容易打瞌睡。这虽然是一个的确存在的理由，但从原则上来说，这是"菩萨的半睁眼"，即一半探究自己，一半关注世间，以表达"菩萨精神"。

然而，临济见到黄檗老师就闭眼，这依然是临济为吸引黄檗而设下的恶作剧般的圈套，人称"睡虎之机"，也就是睡虎所隐藏的机用。如果不小心碰到老虎的屁股，后果将难以想象。

黄檗见此，故作恐惧状后返

菩萨的半睁眼

回，原因何在呢？不错，黄檗看透了临济的动机，所以古
人将黄檗的态度称为"陷虎之机"（《夹山抄》）而大加赞
赏。黄檗的做法就像老虎妈妈将虎仔推入谷底一样。

临济马上追到黄檗老师的方丈室，道歉说："刚才有些
失礼。"这简直是在愚弄人。这时，我们看到师徒之间已
经息息相通，相互之间非常信任。因此，黄檗对首座赞赏
道："这个家伙虽然年轻，但已参得禅宗最紧要之处。"

首座便问："师父的脚跟有些不稳，为什么认可那个家
伙？"黄檗老师只回答了一句"不是祸从口出吗"就闭口
不再说话了。所以首座才说："师父，您知错就好。"根据
古人的评论，首座对师父的批评就是对师父的赞叹。这三
人之中到底谁更技高一筹呢？

褒奖瞌睡坐禅

这是临济在僧堂与大家一起坐禅时的话头。"僧堂"是
大丛林[1]七堂伽蓝之一，是云衲[2]坐禅的地方。僧堂不仅是
坐禅的地方，也是根据用餐规则如法如仪一日两餐的地方，

---

[1] 丛林，中国僧人的生活集团。

[2] 云衲，即修行僧人。

晚上还可以用来睡觉。

关于在中国丛林的坐禅时间，虽然没有详细记载，但丛林的日常规则等却被永平道元写进他的著作《辨道法》中，其中有后夜（晓天）坐禅、早晨坐禅、哺时坐禅、黄昏坐禅等"四时坐禅"。良町兴国寺的法灯国师（无本觉心）也制定了"誓度院规式"，规定四时坐禅的时间为：早晨（十时）、哺时（十六时）、黄昏（二十时）、后夜（四时）。

在黄檗和尚的道场，黄檗老师来到在后门（僧堂的日常出入口）边正在坐禅的临济身旁，"砰砰"地杖打下间[1]长连床[2]边的板头[3]。

临济睁开半闭的双眼，发现是黄檗老师时，又故意装作睡觉的样子。好像在说，我正在坐禅无所求，处于"高卧安眠田地"。黄檗见此，又打了一下板头，然后静静地来到正在上间第一座认真坐禅的首座，嘟嘟囔囔地说："下间的后生正在坐禅，而你却在这里妄想什么？"

打盹是"正确"的坐禅方法，为开悟而正在努力坐禅

---

[1]　僧堂面东而建，北面为上间，南侧为下间。

[2]　长连床，即并排坐禅用的椅子。

[3]　板头，左右两边竖立的板子。

的人却是"妄想",这到底是为什么呢?所以首座才说:"师父,您是不是犯糊涂了?"于是,黄檗老师这次砰砰击打上间长连床的板头后离开了。黄檗老师到底真正认可谁的坐禅呢?这才是问题的所在。

古人用"两彩一赛"[1]表扬临济和首座二人旗鼓相当,不分伯仲。

如前所述,这种方式继承了六祖惠能的思想,六祖将印度式的禅定发展为在日常生活之中坐禅的形式。临济故意让黄檗老师看到自己打盹的样子,以此证明自己绝非瞪大双眼似地顽强坐禅。的确,因为"行也禅,坐亦禅,语默动静,体安然"才是六祖以来中国禅宗的特色。

与沩山比力

某日,临济拿着黄檗老师的书信,拜访在沩山的灵祐老师。沩山灵祐是百丈怀海的弟子,与临济之师——黄檗希运同门,相当于临济的师叔。沩山灵祐与其弟子仰山慧寂一道,开创了独具特色的禅风,从而形成了后来的"沩

---

[1] "两彩一赛",指两个骰子的面同时出现相同数字。

仰宗"一派。

　　沩山灵祐的大弟子仰山慧
寂，当时任"知客"[1]，出面接待
临济，出言讥讽说："黄檗老师
的书信确已到手，但哪封信是你
的呢？"临济便掌掴仰山。这就
是临济的作风，好像还手说"这
就是我的信"。仰山慑于其掌的
威力，便说："你既然已经达到如此的境界，那我们就终止
问讯吧。"于是就把临济引到沩山老师的房间。

　　见到临济，沩山即问："黄檗师兄那里现在有多少出
家众啊。"临济答："七百人。""是谁在代表师兄领众熏修
呢？"沩山早就知道眼前的临济
就是领众之人。临济转变话题反
问道："刚才我不是已经把信拿过
来了吗？"临济再问："这里有
多少人？""一千五百人。""很多
啊。""黄檗师兄那里也不少啊。"看

[1]　知客，负责接待宾客的僧职。

起来二人的对话很平稳，实际上内容的激烈程度一点也不逊于刚才与仰山的那段对话。这一问一答容不得半点粗心大意。

临别之际，仰山送临济到山门，预言说："老兄，向北好像有个适合你的道场。那里有一位非常出色的人在等着辅佐你。"果然，临济后来回到黄河以北，在河北省镇州举幡弘扬禅法。那里果然有位名叫普化的怪异之人，全力辅佐临济，只是没有多久就迁化（去世）了。

打破道场规则

这是"行录"中非常有名的"临济破夏因缘"，理解起来比较难。临济请假，从黄檗道场到各地行脚，很长一段时间后才回到寺内。当时，正值长达三个月共九十天的夏安居[1]时期，他却自在逍遥地回来，这是明显违反道场规则的行为。因此，这个话头被称为"破夏公案"。

当时的禅僧一方面遵循佛陀僧团的"佛制"，行脚参禅，遍访各地善知识，称为三个月的"头陀"（即行脚）；另一方面，在天下闻名并有名师驻锡的丛林过丛林生活，

[1] 夏安居，又名雨安居，指僧众在夏天，自 4 月 16 日至 7 月 15 日，禁止外出云游，而要在寺内修行。

就是三个月的"安居"。这两种方式交替进行。

由于仰慕天下闻名的禅宗大家而叩其门，如果获得允许，就可以停留三个月，此为"乍入丛林"，即云游禅僧在三个月的时间内，将衣钵挂在僧堂内贴有自己名字的单（席）上的钩子上。直到今天，在某个僧堂滞留一定时间仍被称为"挂搭"（也有"把搭挂上"之意）或"挂锡"（挂锡杖）。

然而，临济却颠覆了这一规则，即安居中途回到道场，违反了禁例。当时正逢黄檗老师诵经，临济便说："我原以为师父是我唯一敬慕的人物，没想到当我回到山上后，却发现师父是一位看经念佛的主儿，令人失望。"几日后，临济决定下山，并向黄檗辞行。

黄檗老师责怪道："你违反禁例，夏安居半途上山，现在又想半途下山吗？"临济回答说："不是，我只是想来看看师父，问个好。"黄檗听后遂棒打临济。临济下山数里，忽生为何挨打的疑念，又返回黄檗山，直到夏安居结束。

对于临济下山途中因忽有疑虑而返回，无着道忠表示了赞赏。或许正因为有此疑虑，才有后来临济宗的发扬光大。临济虽然意识到自己担负着弘扬禅宗的重任，却不懂得开悟的受用，即不明白面向世间的弘扬方式，因此，有忽视常识的一面。不管多么了解禅修的重要性，只要不能将其运用于日常生活之中，就不是真正的禅者。

为了让临济引以为戒，黄檗才棒打。原文表述为"黄檗遂打"。用此"遂"字，表明临济有过失，所以这里该打而被棒打。也就是作为"棒罚"而挨打，与平常的"便打"不同，是"慈悲丁宁之棒"。

临济下山途中终于意识到这一点，这体现了临济的诚实。得悟就趾高气扬，难说彻悟。禅人只有也必须懂得超越悟境，才能意识到非常重要的"向下之修"。

悟后的险峻征程，被称为"向上的一路"。所谓"向上"，就是"更加向前"，我们不也常常说"百尺竿头，更进一步"吗？即使来到"百足竿头"的顶端，也绝对不能自满而一屁股坐在那里。所谓"更进一步"，就是自己还要沿着倾注巨大心血、好不容易走过来的路，再次走回地面。

那样的话，临济迄今的全部努力，就将全部化为泡影。然而，如果不经历这个过程，禅修之道也不过是半途而已。在悟之气息渐行渐远之际，修行人才会安住于本分的田地。古人将它表述为"悟了同未悟"（《传灯录》卷一第五祖章，意为看似悟了，但与迷时无异[1]）。

---

[1] 《景德传灯录》卷一第五祖章有："通达本法心，无法无非法。悟了同未悟，无心亦无法。"

超越悟

"大悟彻底"的"大"字,意思是如果不超越悟,就绝对达不到悟的程度。相对的悟只是暂时地去迷,所以不知何时又会再次回到迷惑,是一种很不稳定、不安住的悟。

那种悟虽说是悟,却也是难度的迷。为了摆脱这种悟的"增上慢",不拂拭此悟是不行的。然而,能够达到这种程度的人极少。

之前提到的牛头法融,被尊为"牛头宗之祖",是著有大作《绝观论》的高僧。据说他曾"林中端坐二十年",已经达到很深的悟境,所以人们敬其为佛。

相传,此人坐禅时经常放光,甚至达到百鸟衔花赞叹、野兽带来果实供养的程度。听到这一消息后,达摩之后第四代禅宗祖师道信禅师与牛头法融禅师之间展开了一段问答。从第二天开始,鸟兽便不再出现。

这是怎么回事呢?不用说,它告诉我们这种悟的味道虽然十足,但是得到凡愚之人的赞叹供养却不是真正意义上的彻悟。通过与四祖的相遇，牛头法融的悟消除了浮躁之气，从而再也不能窥视到他的任何消息，即所谓的"没踪迹"。其实真正的伟人，是不会让凡人觉察到他的伟大之处的。

"大悟"的"大"字也是同样的意思。我觉得人们平常所说的"大死""大愚"，同样超越了生死与贤愚的界限，具有很深的意义。苏东坡所作的著名诗句，无疑是对回归现实世界后坦然心境的讴歌与赞叹："庐山烟雨浙江潮，未至千般恨不消。到得还来别无事，庐山烟雨浙江潮。"

[第五章]

说法的舞台

离开黄檗

这是一则临济即将离开黄檗下山，出世成为一名真正禅师的话头。临济下山前，先到黄檗老师的房间辞行，黄檗问："今后要到哪里去？"对于黄檗来说，临济的修行还有许多不足之处，所以想问一问临济准备参访哪座道场。虽然临济不是孙悟空，但是不管他在哪里，都逃不过佛祖的掌心，也就是说不论云游到何处，结果都是一样的。

"不是河南，就是河北。"临济的回答略显轻慢。河南、河北，分别位于黄河两岸。从中可知，临济好像完全读懂了黄檗老师的心思，临济"不管到哪里都一样"，"特别是还有向除我之外的其他人参禅的必要吗"，表明黄檗自己已经是修行到家的"罢参底"的人。临济则反驳黄檗的提问，并显示出自己的机用，古人将其描述为"真请暇"（"向师父请假"之意）。

然而，当临济那样说后，黄檗老师又让临济吃了一棒。古人异口同声地将此称为黄檗对临济的"钱棒"或"赏棒"。禅宗这样将自己真正的弟子送到世间称为"打出"。

面对黄檗的善意，临济则以抓住师父胸口，向脸部捆一掌作为回报。通常来说，应该"棒下休"（虽挨打却没有任何反抗），但是通过一掌，我们看到了临济超越黄檗和尚的机用。禅宗将其称为"智过于师，方堪传授。智与师齐，减师半德"。只有像临济那样，弟子超越师父，才能作为真弟子向世人传法。

果然，吃了弟子一掌的黄檗老师哈哈大笑，喜上心头。于是吩咐侍者，把自己从百丈老师那里得到并一直珍藏的禅板和几案拿过来。禅板就是坐禅时靠身用的板子，几案即为长条书桌。这两件法宝是百丈怀海传法于弟子黄檗的证据，而黄檗又想把它作为传播佛法的象征传给临济。

临济则说："侍者啊，请把火拿来。我要把这些东西全部烧掉。"黄檗略带和缓的语气嗔怪道："虽然可以烧掉，但是你不要那么说了，还是把它拿走吧。今后用于培养更多的弟子。"因为禅宗主张"以心传心",用不着这些东西。

虽然一直说"以心传心",但仔细想想就会发现,一个人的心怎么能够传递到其他人的心中呢?不管怎么说,佛法（佛理）是不能传的啊。因此,大灯国师[1]在"遗诫"中也告诫我们说:"以佛祖不传妙道,不挂在胸间,非老僧儿孙。（如果不将佛及历代祖师所不传的妙道牢记于心,就不是我的法孙。）"我们应该理解为临济拒绝接受的是"黄檗的佛法"。

初次说法

据"行录"记载,临济从黄檗山下来之后,曾先后访问了大慈、麻谷、金牛、杏山、翠峰、三峰、龙光等史书上都没有什么记载的人物,并相互问答。这是为了测试自己的悟境,用剑道的术语来说,就是与其他流派比试,禅宗称之为"圣胎长养",也就是使艰苦修行后的身体得到修养,同时深刻反省自己的悟境禅心,拂拭自己悟后的铜臭气,即"悟后修行"。

---

[1] 宗峰妙超,日本临济宗僧。

据《宋高僧传》收录的"临济传"记载:"(临济)乃北归乡土,俯徇赵人之请,住子城南临济焉。"意思是临济应黄河以北的节度使邀请,回到故乡镇州临济并住下来。

据说,邀请人好像是《临济录》上堂开头所出现的"府主王常侍"。"临济"是面对河济的意思,可以想象是濒临滹沱河济(渡口)的寺院。《临济录》末尾部分有风穴延沼撰写的"临济慧照禅师塔记",其中有:"小院(住持),其临济因地得名。"城东南有小临济、大临济两个村庄(梶浦逸外《诚》中所收"访塔记")。

《临济录》中的"上堂"与"示众"部分,均以这里为舞台。在这里长住一段时间以后,临济来到大名府的兴化寺,住在东堂(隐居处),并迁化(去世)于此。

不得已说法

《临济录》中的"上堂"部分,是从下面一段话开始的。

山僧今日,事不获已,曲顺人情,方登此座。若约祖宗门下,称扬大事,直是开口不得,无你措足处。山僧此日,以常侍坚请,那隐纲宗。还有作家战将,直下展阵开旗么。

对众证据看。（岩，15页）

　　大意是：今天我没办法，不得不顺从世间人情，升座示众。然而，如果从禅宗的根本来说，禅是不能开口说的。在常侍的强烈要求下，今天我要简单介绍禅的特性。说不准有哪一位很有见地的人，要与我堂上一战呢。那就在大家面前展示一下吧。

　　于是临济受王常侍之请，不得不登坛说法。这个"不得已"，说明此次开示情非所愿。这是迫不得已，也是必须的开堂示众。对于临济来说，也是唯一的"今天的活动"，所以他将百分之百的时间用在这件事情上，而人生没有"不得已"。

开口不得

　　从禅宗的本意来说，大前提就是不能用语言来表达它的真实性。所以，临济在上堂之初就说"开口不得"（"不得开口"之意）。实际上，不管怎样开口说明事实，都不过是"画饼充饥"（画的饼不能果腹），所有的一切都必须依靠自己才能"冷暖自知"（意思是冷暖都要靠自己的亲身体验才能知道)。名叫"水"的物质和"水"这个字,是两种完全不同的东西。如果触摸后烫伤则说明触摸的是火,而"火"这个字,与热没有丝毫关系。

即使是"我"这个词,也与"这个身体"没有任何关系,不过是虚空的词语罢了。类似于"我"的单词,在这个世界上一个也不存在,有的只是抓一下感觉痛的这块肉。我们在投递写有"我很好"这句话的书信时,在邮筒前不幸遭遇交通事故而死亡。但是"我很好"中的"我",却随着信件一起邮递给了对方。

即使说"开口不得",也说明它正是用语言难以表达的临济人格,因此,对于临济来说,那正是他自己的真实写照。

山僧说处,皆是一期,药病相治,总无实法。(岩,57页)

意思是,我所说的法,是临场因病施药,没有什么特殊的内容——临济因此否定了自己的开示。他的意思是,即使听了我的说法,也没有任何益处。

即使想学习临济,也复制不了临济。与其说是学习临济，不如说是否定临济，真正的学习就是必须超越临济。

要想成为临济的弟子，不超越临济是不行的，这就是禅宗的传灯方法。弟子的悟境如果与老师一样，就只能得到师德的一半，而只有弟子超越老师，才称得上是真正的弟子。对于继承家业的儿子或者继任公司总经理职位的人来说，道理也是一样的。如果与前任总经理能力相当，那么公司非但得不到进一步的发展，甚至还会走向衰败。

所谓"打爷之拳"，就像之前的临济那样，坦然掌掴黄檗老师，师父虽遭弟子殴打，反而心满意足。

由于是在这种大前提之下的说法，听众也理应以这种心情认真听讲。不听则什么都不知道；即使听，因为"无实法"，所以也都是一些近似糟粕的内容，毫无益处。

因此，马祖道一和尚也向弟子说："莫记吾语。"虽说应该多听那些杰出人物的话头，但也正因为是伟人说的，凡人往往容易囫囵吞枣，从而完全迷失自己。黄檗与临济就是在告诫我们这样做的危险性。

盘珪和尚的听闻禅

这是题外话。盘珪永琢曾在德川时代大力弘扬独具特

盘珪永琢

色的"不生禅"，自称"德山临济使得棒喝，吾等使得三寸（舌）"（《佛智弘济禅师法语》），吸引了许多前来听法的人。禅师说：

> 让吾等说闻何事，直至理解何物不生成之事。若迅疾理解之，自今日至万劫亿劫之后，生成佛心，得释迦不变佛体，不二度落恶道。（《盘珪佛智广济禅师御示闻书》，铃木本岩波文库《盘珪禅师语录》，63页）

盘珪还说："从根本上反反复复强调，不闻则不沉稳。从根本上好好听则坦然，闻则明。"从中可以看出他大力宣扬"闻法"。像这样宣扬听则悟的禅僧，无论在中国还是日本，都很少见吧！

河北边

临济说法的舞台就是位于黄河北岸——镇州三圣慧然

的道场。礼请临济说法的人为王常侍，此人是河南府散骑常侍的节度使。与他一起皈依临济门下的人多为地方武将，他们也一起聆听临济的开示。

这里是远离唐朝都城长安及东都洛阳的蛮夷之地，而且极力反对当时在都城等地正在以国家行为进行着的废除佛教的政策（废佛），同时也聚集了许多虔诚的佛教信徒。

这一带是晋代印度僧人佛图澄（公元310年到洛阳）及道安（佛图澄的弟子）等佛教教理学家们生前活跃的地方，也是禅宗二祖慧可曾经大力弘扬佛法之地。这里人杰地灵，所以从很久之前，人们就与禅宗有很深厚的法缘关系。于是，临济就是应邀在这样一片有缘的地方说法的。因为听众都是一些武将，是虔诚的佛教徒，所以他们对临济的说法反响强烈也是理所当然的。

前面已经讲过，从整体上来看，《临济录》作为语录，体例非常完整。核心部分是"上堂"与"示众"。"行录"部分是临济的机用之处，之前已经讲过了几个例子。"勘辩"是临济与其门人在日常生活之中的电光火石般的问答，不在本书的解释内容范围之内。

说法舞台

《临济录》中记录了临济的九次上堂说法。"上堂说法"中的"堂"是处于禅宗丛林的七堂伽蓝中最中心位置的"法堂"。按照传统,应定期举行住持长老(或僧堂师家)说法。众所周知,现在不管哪一座日本禅宗大本山,内部藻井上画着龙的图案的佛殿就是法堂。

法堂,原本是模拟宫廷太极殿建造的,在地面上铺砖,形似棋盘,殿堂的中央有高台,在皇帝继位等重大场合时接受来自四面八方的瞻礼朝拜。

法堂模仿太极殿,在堂的北侧正面设有"须弥坛",坛高并有台阶,坛上放着住持坐在板屏前面的曲彔[1]。虽然现在有的禅僧会

妙心寺法堂

---

[1] 曲彔,住持所坐的特殊椅子。

背靠黑色木板的屏风说法，但是按照古代清规，第一次登坛说法时，需挂罝罳法被（像布帘的挂件）。

所谓"升座"，就是住持登上须弥坛。住持身着金襕"传灯衣"（作为传灯的象征），端坐于曲彔，一手持挂杖（木制的长拐杖），一手握拂子（驱蚊等用的毛制用具），威仪庄严，坛上说禅。

堂内的地面上铺着砖，闻法的众僧"雁立"（并排站立）"听法"。因为佛祖在印度时就是这样，大家宴坐（坐禅的姿势）听讲。佛教传到中国以后，各宗的祖师们在"讲堂"讲解佛经，弟子们端坐于长连床，在面前的小型书桌上翻开佛经听法。

只有在禅宗中，众僧是站在地面上听法的。所以，住持在"上堂说法"的最后，必说一句"久立珍重"（让大家站立了很长时间，非常抱歉），当日的说法才能结束。

站立听法，基于百

开堂（妙心寺法堂）

丈怀海最早制定的禅林生活规则——《百丈古清规》(最初制定的丛林生活规则),很有深意。

因为禅宗不像其他宗派那样通过充分听取佛教讲义来学习教理,而是通过修行来参透"不立文字,教外别传"的宗旨,所以没有从容地坐着学习的时间。

根据《祖庭事苑》卷八"上堂"记载,站立闻法是由于世事无常迅速,应该尽快解决人生第一大事。禅师督促弟子们及早了脱生死,禅修的人们也为了自己的参透而格外珍惜时间。

后来的"五参上堂"(五天一次的上堂)、"九参上堂"(三天一次、每月九次的上堂)等,都已经形式化了,此为"大参"。与之相对的,还有稍微有点儿不太正式的"小参"。一声鼓响后,全山所有的修行人聚集"寝堂"[1],聆听住持对禅宗要旨更加细微的讲解及其对禅宗生活的心得体会。由于主要在黄昏进行,因此称"晚参"。这相当于《临济录》的"示众"部分。

与禅修大众一起听法不同,如果希望住持单独指导自己并获得许可后,也可以进入"方丈"(师父)的居室,此

---

[1] 寝堂,即附在法堂后面,谒见住持的堂。

为"请益"。

在日本临济宗的专门道场，至今还保留着"请益"的传统，名为"入室参禅"。今日道场的"提唱"，类似于古时的"上堂说法"，意思是道场的师家根据个人见解，"拈提"[1]历代祖师的语录。不是"上堂"，也不是"示众"。

临济宗各大本山的"开堂"，相当于迄今还保留着的"上堂"。成为各大本山住持的人，为向社会正式公开自己继承了谁的法，第一次面向世界宣传自己的禅法而举行"开堂"仪式。看到今日开堂的样子，就能窥见一点儿中国宋朝时期禅林上堂的影子。

关于普化和尚

如前所述，《临济录》中有"勘辩"部分汇集了临济与弟子和其他寺院的禅僧之间的问答商量（相互测试对方的禅心）。

"勘辩"的内容是临济与其他人就禅宗第一义（深奥之处）而展开的问答中所迸发出的火花，超出了对一般常识

---

[1] 拈提，即拈举古则公案以开发学人心地。

的理解范围。所以大家在阅读《临济录》时，自己推敲一下就可以了。

只是在"勘辩"中，数次出现了普化这个人。他到底是怎样的一个人呢？现在简单介绍一下。

普化和尚（生卒年不详）是马祖道一的法嗣——盘山宝积（生卒年不详）的弟子，相当于马祖的法孙。因此，对于临济来看，应是法兄弟。从这层关系来说，临济和普化好像关系很密切。然而，普化却以奇异闻名。

据《临济录》记载，临济最初入住河北临济院时，那个普化和尚突然来到了临济院。临济便说："我还在南方黄檗老师的道场修行时，曾带着师父的书信去见沩山老师。那时，沩山和尚的高徒仰山对我说，'有一位普化和尚会先行来到河北，等待你的到来'。今天，终于回到这个地方来弘扬黄檗的禅法，希望得到你的大力帮助。"

当时，普化虽然未作任何回答就离去了，三天之后却又回来了，而且还故弄玄虚地说："这几天，你说了些什么法啊？"于是临济拿起棒子，打退普化，这是临济热烈欢迎普化的表现。不用说，普化也读懂了临济的心思。

又过了三天，克符（涿州纸衣和尚）前来拜访，问道："听说你前几天曾经棒追普化和尚，到底是怎么一回事啊？"临济闻听后，又棒打这位和尚。克符这次是真的吃了闭门羹呢，还是临济承认克符是一位很优秀的禅者呢？我想应该是相互参学吧！

某日，临济和普化一起被邀请到信徒家吃饭。一边用斋，一边逗机旁边的普化："常说一毛能吞大海，一粒芥子可以容纳须弥山这座大山。它显示的是神通呢，还是真实呢？（毛吞巨海，芥纳须弥。为是神通妙用，本体如然。）"普化听后，突然推翻眼前的饭桌。真不愧是临济，他责备说："不得粗鲁！"普化回答："实际上有粗有细吗？"

第二天，又因赴斋出门，临济问："今天是怎么打算的？"普化又踢倒了餐桌。临济说："我虽然理解你的心情，但这样是不是还是有些粗俗啊？"普化回答："佛法有粗有细吗？"临济吐舌。

普化的话到底是什么意思呢？古人评说："旧箭伤尚浅，今箭伤深。"（《临济录摘叶》）临济说："昨天的事过去就过去了，怎么今天还这样？"好像临济还是垂下了鱼竿，在钓普化上钩。普化也是一位响当当的人物，没有上当。每个人都充分发挥了各自的表演天分，这是一出令人恐惧的二人耍猴戏。

某日，临济与河阳、木塔（二者皆不详）二位长老围着火炉坐着。"普化和尚每天都出门上街，做的都是癫狂之事，他是凡人还是圣人？"当大家讨论这个问题时，普化回来了。

临济马上问道："你到底是凡人还是圣人？"普化回答："你认为是哪一种呢？"临济按惯例一"喝"。"河阳是新媳妇，木塔为老太婆，流着鼻涕的小和尚临济不是更甚吗？"普化说后就离开出去了。

会说临济是"流着鼻涕的小和尚"的，也只有普化一人。这样一来，我们应该说不知害怕的普化呢，还是应该说令人害怕的普化呢？

某日，普化正在僧堂前吃生野菜。临济见状说："你呀，简直像头驴。"普化便学驴叫。这究竟是怎么一回事呢？临济只是说："这个家伙，这个家伙。"这到底又是为了什么呢？

普化临终时，仍然充满了神异。他预感到自己死期将至，便来到大街上，向路人说："请给我一件衣袍。"行人竞相给他，但不知为什么，普化和尚一件也没有收下。

临济却命执事僧做了一具棺材，对回来后的普化说："我为你做了一件衣袍。"普化担着那具棺材，又回到大街上，叫喊道："临济为我做了件衣袍，我要到城的东门去死。"行人们都跟在普化的后面，普化却说："今天不死啦，明天去南门死。"

这样连续三日，人们便不再相信普化所说的话了，以至于到了第四天，没有一个人跟在他的后面。普化独自一人进入棺中，请行人在棺材盖上钉上钉子。于是，传言四起，人们争相来到棺材旁，打开棺盖一看，不见他的踪影，只剩下一具空棺材。这时，空中响起了铃声，并逐渐远去。

愿生畜生

鉴于普化的神奇，这里简单介绍一下深受唐代禅僧好评的"异类中行"。所谓"异类中行"，就是畜生比人类更容易参透真如世界，有的禅僧认为不管是如何开悟的善知识，都比不过畜生。从中可以看出他们对人类相当厌恶。

牧牛图
直原玉青画　柴山全庆赞

因此，希望自己来世转投畜生道的人到处都是，而且他们的这种愿望非常强烈。普化也是其中的一员，也许他在向临济表现"异类中行"。临济对此十分肯定，并眯着眼笑着说，这是一个相当能干的家伙。

据《祖堂集》卷十六南泉普愿章记载，南泉对弟子说："我死百年后，会转生为山脚下一位信徒家的牛。"弟子回答："让我一起陪您吧。"南泉却说："如果想来我这里，最好衔来一片菜叶。"

从语录中可知，南泉常说："唐土称善知识者虽多，但找一个痴钝底（大傻瓜）却不可得。所以说大家都知道，佛祖不知有'此事'，狸奴白牯却知有。你们最好早日向异类中行。"

实际上，如果仔细想想就会发现，人虽然能够驱使智慧，却因分别心而对周围世界有着强烈的自我意识，与世界对立，所以不能按照自己想的那样将任何一件事情进行下去，从而领悟到这样完全没有必要并心生烦恼。

讲到异类，由于动物没有丝毫的自我意识，因此不会与周围世界对立，它们看到的只是自然、自在的生存景象。难道一只蝉不能像俳句"明日将迎死，景色悠悠不复见，蝉声哪凄凄"所描述的那样，自然、坦然地迎接死吗？中川宋渊老师有俳句"螳螂绿娇妍，无意寻常死期至，横尸枯野边"，难道这不是羡慕动物自然的生存状态吗？

临济之死

我们还是将话题引到临济和尚这里吧！临济和尚之死也相当具有戏剧性。当他预感到自己行将死去时，登上法堂须弥坛，像往常一样在曲象上坐禅，并让全寺弟子集合，他说："我死后，不得灭掉我的正法眼藏。"大弟子三圣慧然站出来，反问道："师父的正法眼藏怎么会被灭掉呢？"意思是"这里不是还有我吗"，他想让临济放心。

明应禅师因此赞扬三圣慧然道："龙吟云起，虎啸生风。"意思是说临济的最后遗言简直像龙吟虎啸，而三圣慧然的反问像云、像风，二人配合得天衣无缝，非常出彩。

临济更加使力，说："今后，如果有人问临济的佛法如何，你打算怎么回答呢？"三圣慧然像临济平时那样，迅即一"喝"。"到底谁会知道，我的正法眼藏毁在这头蠢驴身上？"临济说完，端然不动而全身脱去。

"端然"指的是挺直腰板坐禅。禅宗自古以来就有"坐脱立亡"的传统，这是禅僧的临终行仪，也就是说以坐禅之姿而死，或者以出行装束裹身，直立而死。

由于禅是"佛祖不传妙道"，因此弟子们很难继承师父的法。临济的法随着临济的死而宣告终结。这样一来，弟子们的法才能作为各自独立的法传下来。我想，这与"亲鸾没有一位弟子"的说法是一样的。

禅宗非常重视人生结束的部分，因此倡导禅修要"己事究明"（毕生探究自己），禅僧临死时由弟子搀扶，执笔书写"遗偈"（临别时对人生的总结）后，弃笔而全身脱去。今天虽然还有选择这种方式的人，但实际上很难模仿。唐代隐峰是马祖的弟子，据传倒立而死，人称"隐峰倒立"。禅宗是想让这种不可回避而又成为必然的死也随了自己的自由。

正法灭却

临济即将登场，以一种问答的方式传播"正法眼藏"。到底什么是"正法眼藏"呢？大慧宗杲有《正法眼藏》三卷，永平道元也有巨著《正法眼藏》九十五卷，"正法眼藏"就是佛陀正觉（觉悟）的内容。

正法眼　盘珪永琢笔

　　所谓"正法"，直截了当地说，就是构成这个世界的真实，"眼"为照耀一切之力，"藏"指包含其中的一切。总而言之，它们都显示了"正法"的妙用。

　　"正法眼藏"一词最早出现在中国所造的伪经——《大梵天王问佛决疑经》中，其拈华品中讲到释迦传法于摩诃迦叶尊者时用到此说法。

　　某时，大梵天来到灵鹫山释迦牟尼佛的法座前，在向佛献金色婆罗华时，将他自己的身体变成佛的法座，并请佛升座，为迷茫的芸芸众生说法。

　　佛祖高高地举着婆罗华落座并示众，却一句话也不说。包括大梵天在内的诸神及与会大众都不明白他的意思，面面相觑。有一位"金色头陀"，也就是释迦牟尼十大弟子中"头陀行第一"的摩诃迦叶尊者破颜微笑。世尊说："吾

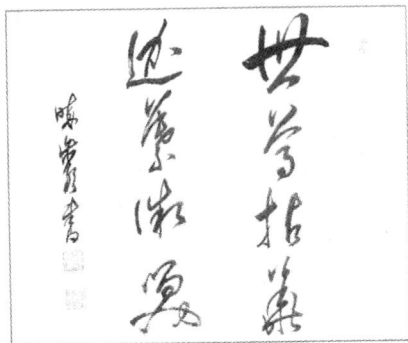

世尊拈花迦叶微笑　晦严常正笔

有正法眼藏，涅槃妙心，实相无相，微妙法门。嘱咐摩诃迦叶。"

《大梵天王问佛决疑经》中的"拈花微笑"因缘，是佛法流传百世的开端。禅宗不是经典的传授，其传灯核心是"以心传心"。从那以后，"以心传心"一直是师父向弟子传法的规范。

时至今日，禅宗的寺院中还保留着每天早晨说"递代传法佛祖名号"的规范，即高声朗读过去七佛直至自己师父的"三国传灯祖师名号"。

临济却是在说了"谁知吾正法眼藏，向这瞎驴边灭却"之后迁化的。"瞎驴边"是指临济自己还是弟子三圣慧然呢？虽然古人一直对此争论不休，但是不管是临济还是三圣慧然，所指的都是正法眼藏的消亡。正是临济的这个正法灭却宣言，才造就了其后禅宗的繁荣，也因此临济宗门异常重视临济的这个正法灭却宣言。

真理不传

不仅在禅宗中，在宗教世界中也可以看到由于中断传承反而实现"真正传承"的现象。这到底是怎么一回事呢？那就让我们重新思考一下吧。

年轻时，我研究的对象是被誉为"现代存在主义思想家"的丹麦人克尔恺郭尔（Søren Aabye Kierkegaard，1813—1855）。当我看到他说"真理不可能直接沟通，真理只能间接沟通"时，得到了很大启发。

真理要靠自己去发现，即使身为教师，也不能传给学生。苏格拉底还有一句关于真理的名言："教师仅仅应当像'助产士'那样帮助产妇分娩。"显然，克尔恺郭尔是受苏

克尔恺郭尔

苏格拉底

格拉底的思想影响颇深的思想家。

关于基督教信仰，克尔恺郭尔认为这是自己如何接受真理的问题。他认为自己是现实主义思想家，确信宗教信仰归根到底属于个人范畴，与吃饭、如厕一样，谁也不能代替。

因此，他认为老师在信仰方面的作用不是向前来求教的学生讲这讲那（这是直接传授）。和与老师同时代的其他学生相比，反而是与老师保持一定距离的学生获益更多。

禅宗也完全一样，师父经常想办法用力将弟子推回去。只有这样，弟子才能自己觉悟真实。

也正是因为这个原因，禅宗只有"不传"，才是"真传"。因此，临济的"正法眼藏"是属于临济的。如果不"灭却"它，就不能真正地传承下去。

所以，禅宗的弟子必须依靠自己，汲取祖师不传（的部分），不，是祖师不能

大灯国师

传的部分。

大灯国师在遗训中说："不以佛祖不传妙道挂在胸间，不许称老僧儿孙。"

不仅限于禅宗，亲鸾也说过"不因孝养双亲而念佛"及"亲鸾没有一位弟子"。我想，他们的意思都是一样的。克尔恺郭尔认为，从信仰的真实方面来说，与目击耶稣受难的"直接门徒"相比，正因为自己与耶稣相距太远，是"间接门徒"，所以才与耶稣靠得更近。他的观点颇有深意。

用禅宗的话来说，就是"释迦牟尼和达摩至今仍在修行中"。禅宗认为，释迦牟尼和达摩不是什么遥远的历史人物，永远只是眼下正在这里的自己。因此，"祖师西来意"中的"祖师"就是现在的自己，不是其他人。

[第六章]

临济的教育方法

推倒弟子

下面开始进入"临济禅思想"部分。即使这里称之为"思想",也不是通常所说的固定的、系统性的教理,因为禅极其反感持有必须这样或者那样的固定观念。

禅,一定是在日常生活方面的一次动作或者无意吐露的一句话中,又或者是在当时那个人全部人格的光芒闪耀之处。即使勉强称之为"思想",也只不过是"不是思想的思想"。

从这点来说,"行录"中所记载的临济言行,可以说是临济义玄一个人的思想。对于从其直接言行中所表现出来的思想,即我们下面将要学习的"上堂"以及"示众"部分,都是提前设定好说法地点,按照古代仪轨,在严肃的气氛中进行的，有些居高临下、强势宣扬禅宗宗旨的意味。由于不是日常生活中的说法，因此即使是临济的说法，也不是临济的暖皮肉、活骨髓的真实表现。

取而代之的是站在前来学禅的云衲面前，以佛是这样的或者佛是如何妙用禅机等方式开示。这时，临济为了让大家听懂，故意降低标准至第二义的水平来说法。可以说，"行录""勘辩"中的问答与商量，是师生站在对等的立场上，在问答与商量时所迸发出的火花；而"上堂""示众"，则是明显站在老师的立场上。

即使如此，弟子们不是像学校的学生那样前来听讲或者死记硬背，也不是来积累知识。说到底，是自己消化说法的内容，把它融化为自己的血肉，当作自己日常生活中的精神食粮。老师的说法，好像是向闻法人垂下的钓鱼竿，热切期待着能够钓到一条很大的鱼供自己享用。所以，在说法之后，为了确认弟子们是否已经掌握，按照惯例要进行问答。

如《临济录》开头部分的"上堂"结尾部分，则明确记录了在禅宗道场内的说法以及问答的情形。这时，如果坐在高高的须弥坛上，反而难以做到真正的说法，因而只能说些道歉的话："登上这种地方，实属无奈啊。"然后面对台下的听众，突然抛出问答。以前出现过下面的内容，这里再次引用一下。

　　我今天实在没有办法，只能顺从社会上的人情世故，登坛升座。如果站在禅的正统立场上阐述根本大义的话，那么简直不能开口（若约祖宗门下，称扬大事，直是开口不得），就连你们也会感到手足无措、毫无办法的（无你措足处）。尽管如此，今天由于王常侍的强烈请求，我给大家稍微开示一下禅宗本义（那隐纲宗）。有哪位铮铮武将（还有作家战将），可摇旗与我堂堂一战呢？请在大家面前，展示一下你们的功夫，看一看你们的成果（对众证据看）。

　　于是有个僧人站出来问："佛法最重要的是什么（如何是佛法大意）？"临济立刻对其一喝。那个僧人为了表示感谢，五体投地（额、双肘、两膝等五个部分同时伏地礼拜）。临济许诺说："这个家伙，可以问答。"

　　那个僧人问："师父啊，您继承的是谁的禅法啊？您的师父又是哪座山头的老师呢？"临济回答："我在黄檗山希运和尚那里，三次发问，三度被打。"僧人一时有些发呆（僧拟议。"拟议"同"伫思"）。于是一"喝"，并棒打其背，说："不能对着天空钉钉子（不可向虚空里钉橛去也）。"

（岩，15 页）

　　临济和尚只是一喝，发问"佛法的究竟是什么"的弟子就好像明白了，叩头礼拜（以感谢的态度来表示），说明提问的人暂时过关了。于是，弟子又问："老师，您这种非常粗鲁的禅是从谁那里继承的？"

　　对于临济来说，自己的问题自己解决，我不是在兜售哪一个人的禅法，并只回答一句"我曾惨遭黄檗和尚的棒打"，于是临济又是一喝。在临济还没来得及说"自己的事自己解决"时，便让他吃一棒。

　　禅宗师匠就是这样，经常对弟子以棒打、拧鼻子、抓住前襟推倒等方式施暴。这些都是由于弟子执着于自己的问题而身体不再灵动时，或者因疑问而"拟议"（呆立）时，才采取的行动，很有意思，体现了棒打对手的价值。"向虚空里钉橛"，却是毫无意义的方向错误。

得到"真正见解"

　　不管怎么说，临济要求弟子做的就是得到一次明确、牢固的"真正见解"，也就是持有佛陀八正道之一的"正见"。《佛教辞典》是这样解释"正见"的：1.正确的见解（八正道之一）；2.如实观；3.正确了解自心的实相（无碍智）等。

从中可以看出，"正见"有两层意思，即正确认识世界以及为此应有的正确心态。向外要如实知见世界的存在（指诸法），对内则应了解自己的内容即心的内容（这里指人）。而且，认知这个认识的主体"人"与认识的对象"法"都是空，这样的般若智慧就是"正见"。

临济所说的"真正见解"，恰恰就是"正见"。临济的解释如下。

问："'真正见解'是什么？"

师云："你们只要进入凡俗世界或高贵世界，进入不净界或净界，进入诸佛国土或弥勒殿堂，进入毗卢遮那法界，所到之处皆现国土，成住坏空。世尊出世，转大法轮，后入涅槃，却不见出入去来相貌，是生是死，杳无音讯。便入无生法界，游历处处国土，进入莲华藏世界，尽见假相，皆无实体。只有你们这些听法无依的独立道人，才是诸佛之母。所以，佛生于无依。如果达不到无依，佛则不存在。只有这样领会，才是真正见解。"（岩，58页）

临济认为，采取那种与平时完全不同的生活方式，完全没有必要。不管遇到什么情况，只要以一颗平常心对待，把其时其境视为佛的世界就可以了。也就是说，一切现象都是自由创造的，而且只有回归空，才能成为现象的主体。

佛陀的一生，的确验证了这种生活方式。不错，佛陀不是经过特意安排才来到这个世界上的，也不是对这个世界抱着惜别之情才死去的。为什么呢？因为佛陀从一开始就没有生灭，也没有诸如出入、去来等这些人为的因素。

佛陀深刻地洞察到，这个世界的所有存在都是缘起所产生的假相，没有一件可以称为"实体"的东西。

因此，现在正在这里听我临济说法的你们，正是曾经诸佛出世的母胎。由于佛生于不依存于任何物质的"无依"，因此只要深刻理解"无依"，佛也就变得毫无必要，这就是临济所要说明的"真正见解"。

临济想要弟子做到的，不是阐释佛经，或者成为国王、大臣，或者成为能言善辩、聪颖的人，最重要的只有一个，就是"唯要你真正见解"。这种解释非常简单明了。

所以，禅宗的修行人必须得到"真正见解"，并因之而

"本来无事"，这样一来也就没有更多求佛的必要了。因此说："直是现今，更无时节。"（岩，57页）

体究炼磨

修行人所应追求的"至理之道"（究极实在），不是热血沸腾地大声议论，也不是情绪激昂地高声教训外道。在这一点上，不允许方法错误。"莫错用心"（岩，145页），也就是要在日常生活中正确用心。

正如六祖惠能所说："如果用语言说是这个的话，那就偏离了目标。"（"说是一物即不中"，《六祖坛经》）世上的真实是无法用语言来说明的。归根到底需要自己彻底地领会。所以，临济大量地使用"看自家""各自着力"（岩，146页）等词语加以强调。

然而，不管在什么场合，都要凭自己个人之力做出合适的判断，能够做到这一点确实很难。即使自己确信要

康德

这样并付诸行动，但是这就是正确的吗？只有结果出来之后才能明白。所以说，并不是从一开始就能做出正确的决定。

说到自主地将自己的行动视为正义并为之奋斗的人，我马上想起了德国哲学家康德（1724—1804）。他是按照"我内在道德理性（良心）"的命令而行动的人。所谓"道德理性"，不是根据他人手指一挥被动为之，而是自己内在的先天性的理性。这个理性，与接受外界影响的感性毫无关系，是无条件地命令"你必须做"。只有在这种条件下，作为主体行为的"自由"才能得到保障。康德认为，为此还需要坚强的意志。

人为了得到与之相似的"真正见解"，依然需要相应的"修行"，这就是临济与康德不一样的地方。因为与哲学家康德不同，临济是宗教家，所以说为了获得真理必须有修行实践。

我等当初也研究戒律，学习经纶。后来才知道这些不过是医治世间病痛之药，宛如

古人刻苦光明必盛大也
白隐慧鹤笔

招牌上的文字，徒有其表。因而不再学习这些，转而求道参禅。后来，遇到大善知识，才得到真正的彻悟，并得以分清天下老和尚们的悟之邪正。这不是从母亲那里生下来之后自然会的，而是反复体究炼磨的结果，是某时突然悟到的。（岩，96页）

原文是："不是娘生下便会，还是体究炼磨，一朝自省。"像临济这样的人物尚且如此，我们这些凡人不经过努力，就很难获得自己不受人左右的判断力。

时不待人

人生"无常迅速，时不待人"，转瞬即逝。如果只是昏昏沉沉地度日，那将白白地浪费时间。所以，临济也说：

莫因循过日，山僧往日，未有见处时，黑漫漫地。光阴莫空过，腹热心忙，奔波访道。后还得力，始到今日，道流如是话度。劝诸道流，莫为衣食。看世界易过，善知识难遇。（岩，142页）

现在，在专门道场的禅堂入口都悬挂着告知早晚时间的打板，上面书写着"生死事大，无常迅速，时不待人，谨勿放逸"等字。

虽然生死问题是人生第一大事，解决这一大事的时间却流逝得异常迅速。时间绝不会等待我们。因此，不能虚度怠慢每一天。即使在别的地方，临济也会异常恳切地说：

莫因循逐乐。光阴可惜，念念无常。粗则被地水火风，细则被生住异灭四相所逼。（岩，61 页）

所谓"粗则"，是一种夸张的说法。如果放大来看，身体不过是地、水、火、风等宇宙四大（四元素）暂时因缘和合的结果。由于又是四大分离（分裂解体为四元素）的一时脆弱存在，是"细则"，所以如果仔细观察，产生的物质（生）就会在一定时间内保存下去（住），后来情况发生变化（异），最终死去（灭），无常之风劲吹。这是一种亲切的警告。

而且，现实充满着"世界易过，知识难逢"的矛盾。即使意识到人生和世界的无常，决心步入佛道，将来也难以遇到非常优秀的老师。

选择正师

如果择师有误，那么为何要进行佛道修行就要打上一个问号，这会导致目的不明。因此，无论如何，第一条件就是修行时需要"正师"或"明师"一类的优秀禅师。不管如何失误，都不能被"邪师"所骗。

虽然常说不要系错衣服的纽扣，但如果一开始的时候就选择失误，结果就将难以挽回。让人困惑的是，虽然把纽扣系错了，却很难在中途引起人们的注意。事后才发现糟糕透顶，但为时已晚，人生终将难以逆转。郁闷之中，不得不迎来人生的终点。

在古代的中国，修禅之人都追求明师，并四处云游参访，人称"南询东请"。在《华严经》入法界品中，文殊菩萨为了遍访五十三位善知识，向南方出发（"东海道五十三参的由来"）。因此，古代禅修并不像当今日本的禅修那样，在一个道场停留十年甚至十五年，而且只接受一位师家的指导。

特别是只有在自己能够确信禅是什么时，才能"不再怀疑天下人的舌头"，才能获得谁来提问都可以的信心。那个时候，将从自己参修过的众多禅匠之中选择一人为自己的老师，向天下宣布：我继承了这个人的法。这就是"出世开堂"。

读经地狱业

对于修行之人来说，另一件大事就是佛道修行。它所要求的不是学习佛经、诵经和拜佛。按照临济的观点，那些反而是修行的邪魔。不仅如此，还称其购买了"前往地狱的门票"。

学人不了，为执名句，被他凡圣名碍，所以障其道眼，不得分明。只为十二分教，皆是表显之说。学者不会，便向表显名句上生解，皆是依倚，落在因果，未免三界生死。（岩，60页）

如果一味追求文字和语言，那么反而会遮住洞彻佛法的慧眼。佛经之流不过是"表显"，即写在看板上的文字，而不是商店里的物品。如果接受那样的人指导，那么不论到什么时候，都逃不出生死轮回之苦。如果只是死读佛经，就绝对到不了极乐世界。

道流。设解得百本经论，不如一个无事底阿师。你解得，即轻拗他人。胜负修罗，人我无明，长地狱业。如善星比丘，解十二分教。生身陷地狱，大地不容。（岩，141页）

即使诵读并理解百部佛经的人，也比不过平常无事度过每一天的僧人。有了学问就愚弄他人，或与他人争执，或以自我为中心等，都将落入地狱。

在下面一段话中，临济甚至极端地将佛经比喻为"厕所里的手纸"。我个人觉得完全没有必要把什么都说得那么极端。

三乘十二分教，皆是拭不净故纸。佛是幻化身，祖是老比丘。你还是娘生已否？你若求佛，即被佛魔摄。你若求祖，即被祖魔缚。你若有求皆苦，不如无事。（岩，83页）

佛道修行亦造罪

六度万行以为佛法，我道是庄严门，佛事门，非是佛法。乃至持斋持戒，擎油不闪，道眼不明，尽须抵债，索饭

钱有日在。（岩，128 页）

中国佛教原本始于对佛经的翻译和研究，并在其中加入了戒律。持戒是佛道修行人的前提条件。

在禅宗方面，百丈怀海制定了禅林修行人的日常生活规则——《百丈清规》。其中规定了佛教徒在日常生活中应尽的"佛事"。其一为"六度万行"。所谓"六度"，是指布施、持戒、忍辱、精进、禅定、智慧等大乘佛教僧人所必需的基本行为。而且，临济认为，正是因为重要，才不是佛法。临济甚至还说：

孤峰独宿，一食卯斋，长坐不卧，六时行道，皆是造业底人。（岩，128 页）

上述内容都是非常严格的修行实践项目。"孤峰独宿"，是指来到没有人烟的崇山峻岭之

禅道场　食事

巅，一个人独自坐禅修行。"一食卯斋"，也就是一大清早托钵获得一天一次的斋饭，之后不吃任何食物，甚至连唾沫也不许咽下，看起来相当苛刻。所谓"长坐不卧"，如字面意思所表达的那样，在很长的一段时间内坐禅，不能横卧。休息时只能坐睡，即睡觉时依然保持坐禅的姿势。"六时行道"，是指参加一天中所规定的佛事活动，即晨时、日中、日没、初夜、中夜、后夜，共六次活动。

所以，以这些修行内容为根本并一味极端苦修的人，是在"造前往地狱的恶业"。这句话说得非常彻底。

[第七章]

杀佛杀祖

佛是如厕尿壶

莫将佛为究竟，我见犹如厕孔，菩萨罗汉，尽是枷锁缚人底物……道流。无佛可得。乃至三乘五性，圆顿教迹，皆是一期药病相治。并无实法。（岩，137页）

虽说佛绝不是究竟，但如果真要那样说，佛教就不复存在了。如果让临济来说便是："以我所见，所谓佛，不过是如厕尿壶而已。"

那位云门文偃在被问到"佛是什么"时，甚至也回答说："干屎橛。（干硬得像细长棒一样的粪便凝固物。）"因为如果不那样过分强调，谁都不会以感恩之心学佛。

若人求佛，是人失佛。若人求道，是人失道。若人求祖，是人失祖。（岩，138页）

你若求佛，即被佛魔摄。你若求祖，即被祖魔缚。你若有求皆苦，不如无事。（岩，83页）

古人云：若欲作业求佛，佛是生死大兆。（岩，40页）

临济认为，越求佛或其他，就越会渐行渐远。不仅如此，如果靠近佛及禅宗历代祖师，就会被"佛魔"缠住；如果亲近祖师，就会被束缚住手脚。不可求自身以外的任何东西。有所求就意味着苦，所以应该放弃一切所求，"无事"、自然为最佳境界。

魔佛俱打

夫出家者，须辨得平常真正见解，辨佛辨魔，辨真辨伪，辨凡辨圣。若如是辨得，名真出家。若魔佛不辨，正是出一家入一家。唤作造业众生，未得名为真出家。只如今有

一个佛魔，同体不分。如水乳合，鹅王吃乳。如明眼道流，魔佛俱打。你若爱圣憎凡，生死海里浮沉。（岩，52页）

若求佛，别说脱离苦难的世界，反倒像是购买了一张堕入生死轮回苦海的门票。不论佛与魔、真与伪、凡与圣，如果不能根据各种场合自由自在地运用，就不能说是真出家。

据《正法念处经》记载，水乳浑然一体时，佛饮乳汁，其水犹在。如果取佛排魔，就将永远沉沦于生死苦海之中。洞彻一切真实的禅者，如果到了那里，就会将佛魔全部打碎。

过了不久，临济进一步说"逢佛杀佛"。

道流。你欲得如法见解，但莫受人惑。向里向外，逢着便杀。逢佛杀佛，逢祖杀祖……始得解脱，不与物拘，透脱自在。（岩，96页）

内也无佛

令人惊奇的是，《临济录》中劝人坐禅的语句一次也没有出现过。不仅如此，临济反而批评一味坐禅，认为这样一来就不能称其为"禅宗"。当然,在禅修人聚集的道场,无论如何都要好好坐禅。但是,临济对"坐禅就是禅宗"的说法持有鲜明的批评态度。

如前所述,中国禅宗从印度式的坐禅发展而来,着眼于每天都过得自由豁达。

> 大德,山僧说向外无法,学人不会,便即向里作解,便即倚壁坐,舌拄上腭,湛然不动。取此为是祖门佛法也。大错。是你若取不动清净境为是,你即认他无明为郎主。古人云:湛湛黑暗深坑,实可怖畏,此之是也。(岩,109页)

临济认为,"湛然不动地面壁坐禅是禅僧必修课"的说法是大错特错的。上段引文中的"古人",是指百丈和尚。由于《百丈怀海禅师广录》中有"解脱深坑可畏之处",因此警示我们忘却自我与世界的坐禅,等同于落入深深的洞穴之中。有时坐禅也容易产生一些弊病,比如有时心情舒畅得宛如解脱一般。然而,《大集经》卷

四十九世大慧宗杲禅师

十三中却说："堕解脱坑，不能自利及以利他。"

宋代禅僧们特别批判那种静寂的坐禅方式。大慧宗杲倡导"以悟为则"的看话禅，他在《答富枢密第二书》[1]中说：

切不可一向沈空趣寂。古人唤作黑山下鬼家活计。尽未来际无有透脱之期。昨接来诲，私虑左右必已耽着静胜三昧，及询直阁公，乃知果如所料。大凡涉世有余之士，久胶于尘劳中。忽然得人指令向静默处做工夫。乍得胸中无事。便认着以为究竟安乐。殊不知，似石压草，虽暂觉绝消息奈何根株犹在。宁有证彻寂灭之期。（原汉文）

大慧宗杲的言语恳切。长芦宗颐（生卒年不详）也在《坐禅仪》中将闭眼坐禅斥为"黑山鬼窟"。在鬼住的黑暗的山洞中闭眼坐禅，犹如住在山洞中与世隔绝的鬼一样。

坐禅造作

按照临济的观点，原来是外道（佛教以外的修行者），

---

[1] 《大正藏》第47卷《大慧普觉禅师语录》卷二六作《答富枢密（季申）》。——编者注

特意中断日常的活动而坐禅，不过是人为的造作而已。与其那样，"只无事"更胜一筹。

有一般瞎秃子，吃饱饭了，便坐禅观行，把捉念漏不令放起，厌喧求静，是外道法。祖师云：尔若住心看静，举心外照，摄心内澄，凝心入定，如是之流皆是造作。（岩，109页）

意思是，世间的蠢人在吃饱饭后，马上坐禅，专注于抑制杂念，避开喧嚣，以求安静，这些都是外道所为。历代祖师说过："你若住心求静、奋起观照周边世界、收心内证、凝心入定的话，则全是人为的造作。"

是你，如今与么听法底人。作么生拟修他、证他、庄严他。渠且不是修底物，不是庄严得底物。若教他庄严，一切物即庄严得。你且莫错。（岩，75页）

你们啊，听我在那里说的那个"法"是那样精彩美妙，就想：到底该怎样去修行呢？是不是应该完全按照所讲的那样去做呢？"渠"，原本就是另外一个真实的"你"，不能改变，也不能造作得更加庄严美好，只能让"渠"自己去做。

只有这样，世界才会变得异常庄严。所以不能在此处犯错。

临济希望人们"本来无事"就好，不需要丝毫的人为造作。本来自己所具有的"渠"，是不会靠造作的坐禅就能遇到的。

还有另外一个自己

所谓"渠"，是我们依靠意识、用镜子照见自己，不是已知的自己（我），而是另外一个自己。依靠意识照见的自己，是另一个完全不同的自己，临济将它称为"渠"。临济在另外的场合曾说，"赤肉团上，有一无位真人"，意思是"一个无形的真自己"。换成现今的说法，正如久松真一所说，就是"绝对无的主体"。

临济认为，它不是修行，也不是依靠修行来证明或装饰美化自己。既没有那么做的必要，也不能那么做，反而应该因为"渠"而更加庄严。这样一来，世上的一切才能变得更加美好庄严。

下面的"示众"，是对坐禅更加激烈的批判。不仅仅是坐禅，那些想要认真做些什么的"造作"，也被视为"造地狱业"（业指行为），也就是播下堕入地狱的种子。

你诸方言道，有修有证。莫错。设有修得者，皆是生死业。你言六度万行齐修。我见皆是造业。求佛求法，即是造地狱业，求菩萨亦是造业，看经看教亦造业。佛与祖师是无事人。所以有漏有为，无漏无为，为清净业。（岩，74页）

求佛，就是"造地狱业"，甚至还是进入地狱的门票。越是那样做，距离佛的世界就越遥远。如果是那样，那么越是修行越是会起到相反的效果。说起原因，也很简单，因为佛与祖师本来都是"无事人"。在无事的世界，既没有地狱，也没有极乐。只要无事，地狱和极乐就都会变得异常清静。

绝对主体道
久松真一笔

无心无烦恼

你若爱圣憎凡，生死海里沉浮。烦恼由心故有，无心烦恼何拘。不劳分别取相，自然得道须臾……不如无事，向丛

林中，床角头交脚坐。（岩，90 页）

临济认为，即使同样坐禅，也必须无事无心。只有这样，才不会被烦恼所困。无须考虑如何开悟，只要无事无心，瞬间即可得"道"。

如果是有所求的坐禅，那么即使到了永劫末代，"道"也不可能得到。

室町时代，博多圣福寺有一位很有意思的和尚——仙厓义梵，由于留下了许多飘逸的禅画而广为人知。其中一幅画中画了一只很大的"青蛙"。下面是画中所题的赞：

凝神静坐禅，人人皆可成佛道，这是哪家言？

它嘲笑那些认为禅僧就要坐禅之辈。如果说只要坐禅就能成佛，那么这只青蛙不就早已成佛了吗？的确如此啊。当我们看到青蛙一动不动地蹲坐时，简直就像在坐禅似的。

然而，青蛙是坐不住的，它经常东蹦西跳，不会蹲着不动。这样一来，青蛙也领会了动静一如的禅法。仙厓义梵举重若轻的一幅禅画里也很好地继承了临济精神。

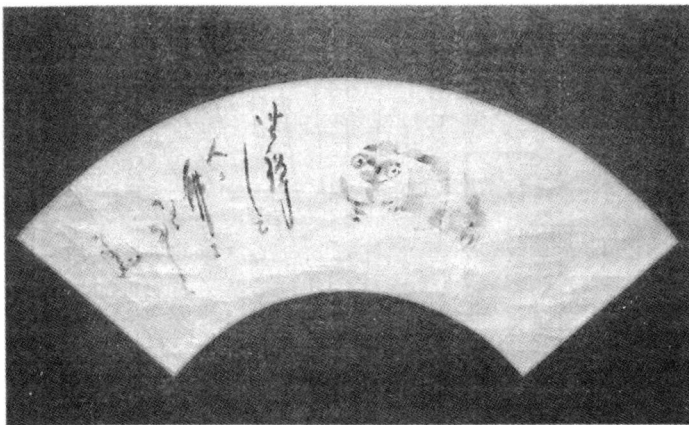

坐禅而成佛　仙厓义梵笔

真佛无形

临济说过"莫求佛"或者"遇佛杀佛"，其中的"佛"是指自己之外的佛。因此，关于另外的真佛，临济做了非常细致的解释。临济是如何说明真佛的呢？《临济录》是这样解释的：

> 无佛可求，无道可成，无法可得。外求有相佛，与汝不相似，欲识汝本心，非合亦非离。道流，真佛无形，真道无体，真法无相。三法混融，和合一处，辨既不得，唤作茫茫业识众生。（岩，123页）

　　即使为了求佛而四处寻找，也找不到想要的东西；即使想要成就佛道，也是不可能的；即使想要得到佛法，也是徒劳的；即使在自己之外求有形的佛，也是与你似是而非的；即使想要了解自己的本心，也超越了分与合。

　　真佛无形，真道也没有实体，所说的真法也无相。这样一来，好像什么也没有，其实不然，实际上是三法和合为一。如果不明白，只有徒增业障。这样一来，也只能永远是迷茫的众生了。

　　真正的佛、道、法到底有没有？如果有，它们是以什么方式存在于什么地方的？如果不明白这一点，就不会生活得很踏实。上述《临济录》中的话，为我们阐述了这样一个道理。

　　僧问："如何是真佛真法真道，乞师开示。"师云："佛者，心清净是。法者，心光明是。道者，处处无碍净光是。三即一，皆是空名，而无实有。如真正作道人，念念心不间断。自达摩大师从西土来，祇是觅个不受人惑底人。"（岩，124 页）

　　面对"真佛、真法、真道是什么"的提问，临济做了上述回答。

真佛，只存在于我们每一个人身上的"清净心"。所谓"真正的佛法"，是指心中闪耀的光芒。真正的佛道，是指无处不在、自由自在的清净之光。不管哪一种，由于都在于心，所以"佛""法""道"实际上都是一个，不是别的。

而且，三者不过是临时所起的名称而已。"心"无实体。真正的佛道修行，会一直保持着那种没有实体的心而不会有任何瞬间的中断。达摩从遥远的印度来到东土，也是为了追求不受内外所惑的无事之人。

"无事"胜十年修行

真佛到底在哪里呢？临济说，真佛现在就在那里，就在你的眼前。

道流。是你目前用底与祖佛不别。只么不信，便向外求。莫错。向外无法，内亦不可得。你，取山僧口里语，不如休歇无事去。已起者莫续，未起者不要放起。便胜你十年行脚。（岩，99页）

你们每天的起居动作与佛和祖师没有丝毫差别。因为你们不信这些，所以想向自己之外求。在这一点上不该

无事　加藤隆芳笔

犯错。所谓"法"，里外都没有。所以，如果你们有时间听我这个糟老头子的话，每一天的生活都过得"无事"，才是聪明的做法。要舍弃刚才已有的思考，还没有产生的想法就不要让它产生。

所谓"无事"，其实说起来很难，临济也屡屡提及"无事"。虽然后面还会讲到，但这里希望大家对"无事"留下这样一个印象：不管什么事情，不要认为它已顺利而终，也不要考虑尚未发生的事情。

按照临济的说法，只要能够做到这一点，就胜似修行十年。意味着"无事"能与十年的修行相匹敌，而且它可能发生在一瞬间。听起来很美妙，可要做到却很难。即使说"宝处在近"，实际上它也没有似近实远的东西。

佛不悟

临济只要"无事"就好的思想，是指没有必要勉强成佛。某时，弟子向临济提问，《法华经》化城喻品中的名句"大通智胜佛，十劫坐道场，佛法不现前，不得成佛道"是什么意思？

这句话问的是，为什么名为大通智胜佛的佛，虽然十劫般长时间在道场坐禅，佛法却不现前，不能成就佛道呢？临济的回答如下：

大通者，是自己，于处处达其万法无性无相，名为大通。智胜者，于一切处不疑不得一法，名为智胜。佛者，心清净光明透彻法界，得名为佛。十劫坐道场者，十波罗密是。佛法不现前者，佛本不生，法本不灭，云何更有现前。不得成佛道者，佛不应更作佛。古人云："佛常在世间，而不染世间法"。（岩，130 页）

回答得非常好。读了这段话，就会明白《无门关》第九则中很难参透的"大通智胜佛"公案。我也是第一次感受到所谓"大通智胜佛"名号含义的美妙之处，它非常真实地表现了佛的本质，真是一个很好的名字。

所谓"佛法不现前"，也是指佛从一开始就不生不灭，所以才不会特意表现出来。不成佛理所当然，因为佛不可能再成佛。这样的解释很好地表现了真佛的内涵与状态。

尽管佛开始就处于痛苦的娑婆世界，却绝不会被俗世污染。正好与《维摩经》中"污泥中的莲花"一样，莲花虽然生在污泥之中，却开出非常洁白的花朵，佛也如此。

无所厌恶

约山僧见处，勿嫌底法。你若爱圣，圣者圣之名。有一般学人向五台山里求文殊，早错了也。五台山无文殊。你欲识文殊么？只你目前用处，始终不异，处处不疑，此个是活文殊。（岩，65页）

依我所见，这个世界上没有一件让人厌恶的东西。你们所喜欢的"圣"只不过徒有其名而已。你们说五台山是文殊菩萨的道场，就特意从遥远的地方前去朝拜五台山，太愚蠢。

你们想知道文殊菩萨是怎样的菩萨吗？如果你们的日常生活一如既往，没有任何变化，不管身在何方都不怀疑，那你们就是活文殊。

问题是你们只要以"不异""不疑"的态度做好吃饭、起床、睡觉、洗漱、看电视、乘车、购物等日常生活琐事，就已经是活文殊了。

临济认为，所谓"不异"，就是不管什么事情都要珍惜各自的当下，不说好恶与善恶；所谓"不疑"，就是全心全意地做好每时每刻的事情。做到这一点，我们才能成为活文殊。

禅是虚无主义吗

"杀佛杀祖"，应该是让阅读《临济录》的人最震撼的一句话了吧。基督教中有尼采（1844—1900）"杀神"的说法。

19 世纪末期，他宣扬"神死"学说。他将基督教的民主主义的伦理思想斥为

尼采

弱者的奴隶道德，主张作为强者的自律道德就是君主道德。他还把具有这种道德的人称为"超人"，并把它作为生之根源性的权力意志的化身。

20世纪上半叶，欧洲劲吹"虚无主义"之风，不久人们却发现没有战胜虚无主义的能力，而且预感到无神世界将代替神来统治世界，其结果将导致地球危机及人类灭亡。这是对虚无主义的深刻反省。

在这一过程中，在许多邪教扰乱社会的同时，看似无神论的禅宗作为一种崭新的宗教，逐渐引起世人瞩目。虽然主张"神死"学说的尼采早已死去，欧美教堂至今仍有礼拜的钟声。因此，从根本上来说，人类依然脆弱，也很难成为像尼采那样的"超人"。

超现代主义时代

临济与尼采一样，都主张强者的生存方式，主张应该自信、自我地生活，从而彻底否定了作为偶像的佛与祖师。

尽管如此，第一次阅读《临济录》的人遇到"杀佛"这个词语时，都会情不自禁地皱起眉头吧！信仰一神教的人都会认为，禅怎么会令人恐惧呢？这种恐惧也不是没有道理的。

如此"令人恐惧"的禅，本不该被列入宗教范畴。即使不得不承认继承大乘佛教法脉的禅宗为宗教，也会认为它是令人恐惧的新兴宗教，从而抱有强烈的戒备心。

然而，自近世以来，欧美各国涌现出了倾向无神论的知识分子，即他们不再习惯基督教所宣传的对神的信仰，或者基于神的计划与意志的神律观念。

他们被禅宗"在自己之内超越自己"的绝对主体性"思想"所吸引，不久从知识阶层，特别是思想家、心灵导师、艺术家等人群中涌现出实践"坐禅"的人，他们都是通过这种方式获得禅的主体性。

他们站在第三者的立场上肯定禅，扬弃中世纪的神律观念以及近世以来为了批评前者而兴起的无神论思想。由于这种思想运动是为了超越近代主义，因此久松真一博士将其命名为"超现代主义"。

当然，禅未必像他

久松真一

们所想象的那样，而且他们对坐禅所特有的神秘性的期待也不一定正确。因此，我认为即使是那些外行人，也有必要学习一下《临济录》这本禅宗最基本的语录。

杀佛杀祖

临济"杀佛"的极端说法的本意，到底是指什么呢？如果理解错误，就会把临济禅置于极端危险的境地。我们再来读一读《临济录》中这段话：

> 道流。你欲得如法见解，但莫受人惑。向里向外，逢着便杀，逢佛杀佛，逢祖杀祖，逢罗汉杀罗汉，逢父母杀父母，逢亲眷杀亲眷，始得解脱，不与物拘，透脱自在。（岩，96页）

不应片面阅读前面这段文字中的"杀佛""杀祖"。其实，临济要求我们的并不是真正地"杀佛""杀祖"。如果真要那样，就是虚无主义。他是想强调"获得真正见解"。他认为，如果有了妨碍得到真正见解的"权威"，就要勇敢地否定它。临济将其称为"人惑"。

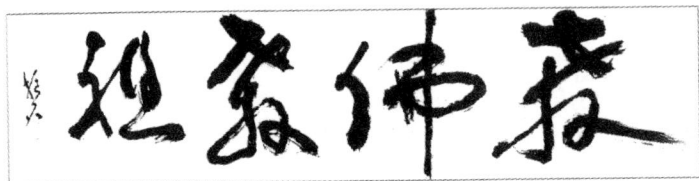

杀佛杀祖　久松真一笔

不用说，也必须否定作为自我的内在权威。临济强调不管是内在还是外在，或者是任何什么，只要妨碍"平常无事"，就要立即否定。

勿受"人惑"

总之，临济认为，对于弱者来说，最割舍不下的，就是佛及祖师们的教诲，或者佛弟子即罗汉们的修行。邂逅这些非常优秀的人，如果跟在他们后面模仿，就会动摇自己最为重要的"自信"。

不管别人怎么说，如果不能确立这种不可动摇的自信，那么无论如何都不会过上不为任何东西所动的"平常无事"的生活。家人也都一样，虽然他们都是亲人，都会亲切地给予我们一些有益的指教，但那些话都是"人惑"，亲切反而变为不亲切。如此一来，自己独立思考的能力将会减弱。

夫如真学道人，并不取佛，不取菩萨罗汉，不取三界殊胜。迥然独脱，不与物拘。乾坤倒覆，我更不疑。十方诸佛现前，无一念心喜，三涂地狱顿现，无一念心怖。（岩，89页）

这段话的关键之处在于"迥然独脱，不与物拘"。"迥然"是遥远的意思，所以真正懂禅的人远远超越了普通人，丝毫不为周围世界所左右。即使遭遇天翻地覆的异常变化，也没有些许疑念，自己依然不会发生动摇。也就是说，在这种坚信面前，即使佛来迎，我亦不欢喜；堕入地狱底层，我也不恐惧。

病在不自信处

如今学者不得，病在甚处？病在不自信处。你若自信不及，即便茫茫地，徇一切境转，被他万境回换，不得自由……学人信不及，便向外驰求。设求得者，皆是文字胜相，终不得他佛祖意。（岩，33页）

总之，如果修行人不能发现真实的自己，不论如何修行都不信任自己，还随他人所言而左顾右盼，那就不能完全得到自由。如果不信任自己，也就是不自信或自信不及，那么即使有所得，也不过是粗解语言的表面意思，得不到祖师们的活句。

参禅须参活句，不参死句。死句下荐得，自救不了。（《虚堂录》四）

也就是说，语句是死的，即使进而接受它，也救不了自己。所谓"活句"，是指祖师们的鲜活机用，是他们在讲话之前的"祖师佛心"，指明了我们所参的内容和方向。

南无地狱大菩萨
白隐慧鹤笔

勿成生尸

学人信不及，便向名句上生解。年登半百，只管傍家负死尸行，担却担子天下走，索草鞋钱有日在。（岩，109页）

由于修行人没有自信，因此根据祖师的句子和文字就贸然断定自己是怎样的一个人。即使到了五十岁，依然按照这种节奏，担着自己的死尸行走，从而决定了死后向阎王索要娑婆世界的饭钱。

如诸方学道流，未有不依物出来底……未有一个独脱出来底，皆是上他古人闲机境。山僧无一法与人，只是治病解缚。你诸方道流，试不依物出来，我要共你商量。十年五岁，并无一人。皆是依草附叶竹木精灵野狐精魅，向一切粪块上乱咬。（岩，98 页）

临济在这里强调，来到自己身边的修行人，都是一些人云亦云之流，没有人将禅作为自己的个人问题来参究，也没有一个人"独脱无依"（不依赖任何人而只靠自己）地来到我这里。那些人不管来多少，我都不会教他们一句的。

临济还说，虽然我在全力医治那些不自信的人的"不自信

独脱无依　久松真一笔

病"，但实际上我等待的却是那些用自己的语言带着自己的问题而来的人。如果这样的人出现，我就会从正面教化他。

如果再过去五年、十年，这种人一个也没有出现，那么只能说遗憾。依附在草叶竹木上的精灵，都是一些类似狐狸的妖怪，它们聚集在古人留下的粪块里。临济口吐脏话，予以强烈批判。

勿信我之说法

"山僧无一法与人"，意思是即使来到我这里，也没有一句可教给你们的。这种说法为临济师公——马祖道一及其弟子百丈怀海等人的反复告诫。

马祖一派的祖师们强调"莫记吾语"，直至黄檗所说的"唯直下顿了自心，本来是佛，无一法可得，无一行可修"（《传心法要》）。只有意识到自己的心是真佛才行，不是别人所能教的，也不是一定要跟随师父艰苦修行所能得到的。

临济也接受了这种观点，所以警告弟子们，不能盲目教条地相信自己的话。

道流，莫取山僧说处。何故？说无凭据。一期间图画虚

空，如彩画像等喻。（岩，137页）

意思是：你们没必要听我所说的话，我的说法不能成为你们每个人的依据。如果是那样，就宛如空中绘画一样，画中着色，只是为了好看而已。

尽管如此，不受人言所惑，以坚定的自信参禅，也非常人所及。那样就犹如狐假虎威，需要依仗他人的权威。总之，这是没有自信的表现。

枯骨无汁

临济揭露了当时修行人不好的做法：

今时学人不得，盖为认名字为解。大策子上抄死老汉语，三重五重复子裹，不教人见，道是玄旨，以为保重。大错！瞎屡生，你向枯骨上觅什么汁？（岩，120页）

临济在世期间，会说那样的话吗？听起来让人震惊啊。偷偷地拿着先人的"语录抄本"，让弟子们重视它，同时把它作为自己说法的材料和依据，这种做法简直像把古人的尸骨含在嘴里，吸吮骨汁一样。从中可以看出，临济的口吻相当严厉、刻薄。

在别的场合，临济告诫参禅的人们说，认为天下老师们所说皆为真实的，这些善知识的话语远非像我们一样的凡人所能揣测，你们简直就像战战兢兢、如履薄冰的驴马子，每天都过着不自信的日子。

道流！你取这一般老师口里语，为是真道，"是善知识不思议，我是凡夫心，不敢测度他老宿。"瞎屡生，你一生只作这个见解，辜负这一双眼。冷噤噤地，如冻凌上驴驹相似。（岩，77页）

[第八章]

真佛所在

即今目前听法底

临济认为，这个世界上唯一可信的就是现在在这里的活泼泼的自己，用临济的话说，就是现在在那里正在听我说法的"那个家伙"。除此之外，没有其他的真实实在。话虽这么说，但过分接近自己，反倒令人难以信服。临济有如下的说法：

你若欲得生死去住脱著自由，即今识取听法底人，无形无相，无根无本，无住处，活泼泼地。应是万种施设，用处只是无处。（岩，61 页）

铃木大拙

所谓"即今目前听法底"人，就是现在正在临济眼前闻法的那个"人"。临济还强调，你要好好地识取他，牢牢地抓住他。由于每个人的自己之中都另有一个"真实的自己"，因此临济说要找到他。铃木大拙博士曾将临济关于人的思想总结为禅的主体性。

这种主体性被久松真一博士称为"绝对无的主体"，但并不安住在身体的任何部位。话虽如此，但所谓"人"，也并不存在于身体之外。不能说有，也不能说无。它超越了有与无的二元相对性，所以从绝对对立的意义上来讲，应该说是"绝对无的"主体性。

临济明确了"人"无形无相，更没有固定的实体。实际上既无住处，也没有停留之所，并断言从早到晚活泼泼地不停忙碌的就是"人"。而且，"人"的禅机在哪里都不留痕迹。

"一年又一年，盛开奈良吉野山，山樱遍眼前。拔开翠木再尽览，何处粉花更娇妍？"这首道歌[1]真实再现了临济所说的"即今识取听法底人"（绝对主体性）。

这首道歌的意思是，春天来到吉野山，岁岁年年不间断，开着如此华丽绚烂花朵的樱树，为什么会如此美丽呢？于是，拨开树枝一看，什么也没有看到。虽然什么都没有看到，但有什么在动这一点却是可以肯定的，因为枯木不开花。

临济认为，我们每个人都存在这种无的主体性。只要牢牢地抓住绝对主体性或者真实的自己，日常生活就能过得无碍自在。"生死去住"，是指生死就像穿衣、脱衣一样自由自在。

真佛在世间

临济在其他场合说过下面的话：

道流！即今目前孤明历历地听者，此人处处不滞，通

---

[1] 道歌是指弘扬佛教或旧道德的日式短歌，采用5、7、5、7、7形式，由5句31个假名组成。

贯十方，三界自在。入一切境差别，不能回换。一刹那间透入法界，逢佛说佛，逢祖说祖，逢罗汉说罗汉，逢饿鬼说饿鬼。向一切处游履国土，教化众生，未曾离一念。随处清净，光透十方，万法一如。（岩，54 页）

如果能够好好地听我说法，那个"人"（这里称为"者"）就会自由自在地畅游世界，不管到了哪里，都绝不会拖延，永远不失主体性，不论对方是什么人，都能因人而异地为其说法。

不管到了什么地方，都能救助那些苦难之人，却丝毫不偏离自己的立场。世界因此而变得清静，佛光普照，所有的存在都归于一处。

拥有这种自由自在机用的"人"，是不依赖任何事物的自己，临济又将其称为"听法无依道人"。只有这个"无依道人"才是诸佛的母胎，也就是佛本身。

诸佛之母

唯有听法无依道人，是诸佛之母。所以佛从无依生。若

悟无依，佛亦无得。若如是见得者，是真正见解。(岩,59页)

我们日常的身体形成了"自我"城堡，我们也好像从城墙的狭窄箭垛中窥视世界。临济断言，陷入束手束脚泥潭之中的我，不能看到世界的真实。只有牢牢地抓住、支配身体的"人"，即"弄光影底人"才行。

大德，你且识取弄光影底人，是诸佛之本源，一切处是道流归舍处。是你四大色身不解说法听法……是什么解说法听法？是你目前历历底，勿一个形段孤明，是这个解说法听法。若如是见得，便与祖佛不别。(岩，36页)

上面这段话的大意是，各位，你们应该洞察到正在操纵的若隐若现的"那个东西"。只有它，才是诸佛出世的根源，是修行人修行的终极目的地——必到的故乡。

你们的肉体，既不能说法，也不能闻法……说法者或闻法者是什么人呢？是现在在我眼前的这个家伙。

这个家伙身体无形，独自光芒四射，能说能听。只要能够学得这些，那你就是祖师，就是佛。

自己就是佛

临济强调，真正的祖师与佛存在于我们的肉体之中，而且从早到晚都在自由自在地驱动着这个肉体。

如果能够做到这一点，我们自己就是真正的祖师和佛。我们平时所拜的佛，来自这个真佛。因此，所谓"真佛"，只是无形的"无依道人"。临济是这样解释的：

> 现今目前听法无依道人，历历地分明，未曾欠少。你若欲得与祖佛不别，但如是见，不用疑误。（岩，80页）

真佛像独立于一切之外的自由的"无依道人"一样，永远明明白白，没有任何欠缺。如果你们希望与祖师、佛一样，就一定要参透它，不要抱有丝毫疑虑。

一无位真人

下面"上堂"的一段话非常著名，很好地阐述了刚才讲到的"真佛"所在，也是整部《临济录》的核心部分。这里所说的"真佛"，消除了佛的束缚，改说为"一无位真人"。"即今目前听法底"，则远离了佛的印象，将其作为

"人",显得更加具体。

　　上堂。云："赤肉团上有一无位真人,常从汝等诸人面门出入。未证据者看看。"时有僧出问："如何是无位真人?"师下禅床把住云："道!道!"其僧拟议。师施开云："无位真人是什么?干屎橛。"便归方丈。(岩,20页)

　　临济上堂说,这个肉体里有无位真人(难以规范约束的真实的自己),经常从你们的面前出入。没有看清楚的人,要好好看啊,要好好看。当时,有一位僧人过来问:"那个无位真人,到底是什么意思呢?"老师从椅子上下来,抓住那个僧人的衣襟说:"你说,你说!"僧人一下就愣住了。老师一边猛推僧人,一边说:"这个无位真人,就是一团干硬的粪便。"说完就回到了自己的方丈室。
　　这个僧人没有意识到自己就是无位真人,所以才有"无位真人是什么"的提问。这样一来,只因那位僧人直接对无位真人产生了动摇,所以临济才从椅子上下来,猛地抓住他的衣襟,说道:"难道你还不明白吗?"事已至此,那个僧人已经无话可答,只能嘟嘟囔囔。

不知问

那个僧人没有强词夺理，就已经到了无言以对的地步，这本身就美妙绝伦，因为"亲者不问，问者不亲"（大梅法常之语）。连提问都不知道的人，说明他已经非常接近真理了。

正是因为不作答，活灵活现的无位真人即将浮出水面，露出真容。因此，临济为了让他意识到自己就是无位真人这一点，把他整个人推了出去。在这里留给理屈词穷者最后的手段就是刺激疗法了。

在这个僧人的身体之外是没有无位真人的，他就是像干屎橛一样的真人。所以临济未等其回答，就马上回到了方丈室。因为临济要表现出这样一种态度：即使成为无位真人也没有什么了不起。

古人说："'便归方丈'用词精妙，赤肉团上壁立万仞，是很难达到的境界。这里才是着眼点。"（《临济录抄》）的确很难啊。

不用说那么多，凡人一般很难意识到那个真实的自己（无位真人）经常出入于自己之中，反而总是向自己之外求真实。在这里，临济似乎是在鞭策我们，"要更加相信自己啊"。

识取"人"自由

"目前听法底"人或"无依道人"的真面目到底是什么呢？识取它也不是一件容易的事情。为此，临济在年轻的时候也受了很多苦。

为什么说难呢？因为这个"人"，即使在自己面前将它作为对象来寻找也找不到。因为它在我里面，但若向内求，却不在里面的任何之处。

道流！你只今听法者，不是你四大，能用你四大。若能如是见得，便乃去住自由。（岩，64 页）

你若欲得生死去住脱著自由，即今识取听法底人。无形无相，无根无本，无住处，活泼泼地。（岩，61 页）

临济所要表达的，其实已在前面反复讲过。他强调，现在在他面前听他说法的人，并不是四大因缘和合的结果，而是任意驱使这个身体的第三者，临济将其称为"人"。只要识得这个"人"，不管在哪里，都会自由自在。

这个"无位真人"因为是无位，所以无形无相。不是不存在，而是我们的感觉器官感觉不到，因此从早到晚没有休息，一直持续工作。

所谓"无位"，不能做任何定位，不分男人、女人，大人、小孩，日本人、外国人，也不分圆形、三角形，长、短，超越了一切范畴。

如果错误地认为它不属于任何规定与概念，具有超越性的话，就会属于"无任何位"，从而陷入另外的执着。

真空妙有

真空妙有与大乘佛教所说的"空"相同。所谓"空"，如果认为它是什么都不是的空虚，就毫无道理了。那个空作为"偏空"或者"但空"，是大乘佛教最厌恶的虚无主义。大乘佛教所说的"真空"，讲的是像太空一样无形、无限大，空的内容则是充实。

限于一定时间内，以暂时的形状存在的，就是"空"（看得见的物质）。"色"为有形，用我们的肉眼就能够看到。因为它是一时的无常存在，所以必须知道在其背景下难以看到无限的"空"，知道它就是"般若智慧"。这就是"真空妙有"的"充实之空"。

《般若心经》中的"色即是空，空即是色"则是一种逆向的说法。无形可以变为任何有形。不管多么巨大的物质，如果有形，就都会受限于其形，所以其形不能自由地变化。

只有"绝对无"，即超越有无等二元对立论的无形的"空"，才能够具有无限的表现形式。正如无形的水，可以倒入任何形状的容器内。犹如苏东坡的诗"无一物中无尽藏，有花有月有楼台"那样，无形经过无限作用，可以形成现实世界。

心法无形 通贯十方

临济将真佛解释为"心"的作用。如前所述，禅宗作为传递佛心的佛教宗派之一，又被称为"佛心宗"。这样一来，"心为何物"就成为禅宗的中心课题。

在这一点上，临济说得非常明确："道流，山僧说法，说什么法？说心地之法。"总之，临济绞尽脑汁想讲给弟子们的关键就是"说心地之法"。如果明白这一点，就会毫无例外地成为真佛。

这样一来，"佛""法""道"，最终取决于我们每个人的心。临济进一步使用"心法"这个词来重新表现"真佛"。

> 道流！心法无形，通贯十方。在眼曰见，在耳曰闻，在鼻嗅香，在口谈论，在手执捉，在足云奔。本是一精明，分为六和合。一心既无，随处解脱。（岩，39页）

这是临济对"心法"非常通俗易懂的解释。通过他的解释，我们明白"心"的确如此，同时他那亲切慈悲的解释也达到了令人吃惊的地步。

"心法"虽无形，却能够通达东西南北、四维上下等任何地方。无形也绝不是不存在。

不仅如此，它还非常大，以至我们的肉眼难以看到，所以说它"圆同太虚，无欠无余"（《信心铭》）。所谓"圆"，并不是指圆形，而是充实圆满，其形巨大，双眼难见，内容却很充实。

明庵荣西禅师在其《兴禅护国论》序文的开头部分，曾就心之大进行了如下描述：

> 大哉心乎。天之高不可极也，而心出乎天之上。地之厚不可测也，而心出乎地之下。日月之光不可逾也，而心出乎

日月光明之表。

佛教所说的"心"，今天已成为心理学家研究的对象，是难以揣测的，又不能像精神分析学那样分析。心超越天地和时间。传播这样的心的就是禅宗。应该如何传播呢？

明庵荣西

心不能传

如本书开始所讲的那样，禅宗是佛心宗，以佛心为中心。虽然有"以心传心"的说法，但是如果仔细考虑就会发现，"心"岂是能在人与人之间相传的呢？这种事情，即使在父子及夫妻之间，也绝对不可能发生。

人们常说，关系密切的朋友之间心心相印，那也只是一种放纵自己的任性想法，到底能传多少，没有任何证据。这样一来，禅宗传佛心，究竟是怎么一回事呢？

的确，禅宗传佛陀心印，传所不能传的。而其他的佛教

心　至道无难笔

宗派则注重形成文字的经典及其注释，由师父亲手传给弟子。然而，那种东西不论传多少，都不过是一堆"废纸"，对于弟子来说没有任何益处。

因此，传佛祖之心的禅宗被称为"不传之传"，也就是传不能直接传给的东西。不传却传，到底是指什么呢？

心之所在

弟子不断地照看自己的脚下，超越日常的自己而来到外面时，就会发现释迦牟尼与达摩的世界正向我们敞开。那是"心法"的世界，那里有超越天地和时间的"心法"。

弟子以这种境界确认自己的心法与师父没有丝毫差别、完全一致。这就是禅宗所说的传"佛心"，哲学上称之为"真理的间接传达"。

因为是间接传达，所以师徒可以不必生活在同一个时代，与历史上的时间也没有关系。挖掘自己的内心深处时，就会发现那里有释迦牟尼和达摩。这种间接传达，不为祖师形象及其语录说法所迷惑，能够发现真正的释迦和达摩。

因此，佛祖的"心法"，实际上就是这个"我"的心法。那种超越时空的"心法"，到底在"我"的何处呢？教给我们心法所在的，就是前面引用的临济的话。

心为用

总而言之，心需要眼、耳、鼻、手、脚的相互作用。本来一个无形的、自由自在作用着的"心法"，每次都以见、闻、嗅、持、走等方式，瞬间表现出来。"一心既无随处解脱"，因为心不是固定的，所以不管在什么场合，都能从感觉上或者身体上自由作用。临济在别的场合说过：

法者是心法。心法无形，通贯十方，目前现用。（岩,47页）

也就是说，将日常生活的每一瞬间都灵活发挥称为"现用"。如此说来，从佛陀至第二十二代祖师——摩拏罗

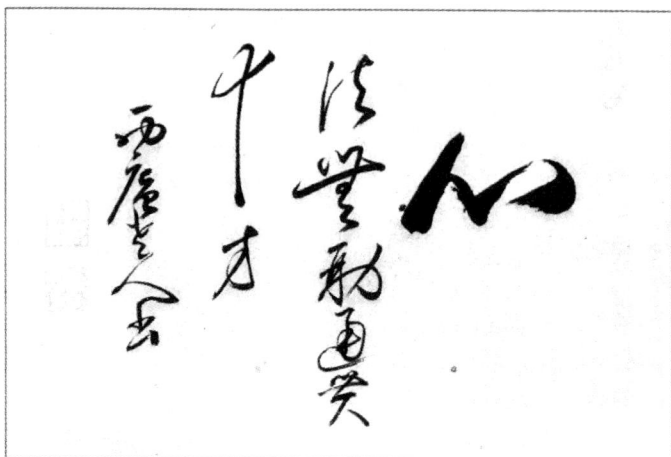

心法无形　通贯十方
节外祖贞笔

尊者之间的传法偈语如下：

心随万境转，转处实能幽。随流识得性，无喜亦无忧。

虽然如此，《临济录》中也引用了这首偈语。心在任何场合都能自由自在地发挥作用，而我们在观察每一个场合的心时，实际上却是淡淡的无心，没有一丝喜忧。如此说来，西田几多郎的一首诗歌颂的就是这种同样的心："你看我的心，在那深深的底处。令人欢喜的、让人忧愁的波浪，我认为丝毫未及。"

身心一如

如此看来，禅宗所说的"心"与身体有别，不在胸部或头部，而是身体作用的根源。如果说有什么根源，却又是不存在的，如同"扬眉瞬目"那样，挑动眉毛和眨眼就是心。让它产生作用的是类似于机场导航塔的东西，称之为"心"。下面是之前曾经引用过的一首道歌：

一年又一年，盛开奈良吉野山，山樱遍眼前。拨开翠木再尽览，何处粉花更娇妍？

这首道歌表达的意思是：每年都盛开得绚烂华丽的吉野山樱，为什么开得如此美丽？以至于拨开树丛一看，什么都没有出现。我们正好可以认为，虽然心不存在于任何地方，但它以各种作用表现出来，称为"心法"，也就是"真佛"。

"真人"之用

以心法为内容的真佛，临济称为"真人"。这样一来，"人"的作用与"心"一样，上至天上，下至陆地，畅行无阻，毋庸置疑。临济将这种作用解释为：

一人在孤峰顶上，无出身之路。一人在十字街头，亦无向背，那个在前，那个在后？（岩，26页）

一人处于绝对终极的境界，前面的路已经断绝。另一人生活在现实生活之中，也超越了相对世界。两个人谁优谁劣呢？其实，显而易见的是，两个"一人"并不是各自的"一人"。

"一人"虽是一个，却同时具有两面性，这也就是矛盾相即的另外一种形式。与其说心的作用是向空间扩展，不如说是从绝对一的超越世界到相对差别的日常世界的各个角落，都表现出了心世界的充实。

一方面站在绝对否定的顶上，另一方面又在绝对肯定大地上的活动，这里没有优劣之分。这是纵向在说一个人作用的充实。

途中与家舍

与其相比，下面的说法，可以说是从水平方向来讲的：

有一人论劫在途中不离家舍，有一人离家舍不在途中，那个合受人天供养？（岩，27页）

家　在途中不离家舍　久松真一笔

意思是，一个人经常行走于修行途中，却绝不离家。一个人时常离家，却不是行走于求法途中。他们中谁会受到世人的尊敬呢？

所谓"途中"，是指日常生活之中的行动；所谓"家舍"，就是绝对不动摇的坚定的自我主体性。

"一人"的作用常常是两方面的浑然一体，绝不分离。不管哪一方面，如果只是单方面，就不可能成为"真人"。

[第九章]

随处作主

自由与自恣

临济常常将"自由"挂在嘴边。自由是宗教的重要问题。人们经常将自由错误地理解为自恣，而自由与自恣在内容上却是截然相反的。

自恣是将自己所处的状态按照自己的意愿进行取舍选择，可以说是恣意妄为。即便对自己，也没有任何限制，只是根据自己的本能而为。自己喜欢的就做，厌恶的就不做；喜欢去自己喜爱的地方，而逃避自己讨厌的地方，这种态度非常随意、任性，所以被称为"自恣"。

在我们出生的时候，这个世界已经存在，以风俗习惯为代表的伦理道德等所有先行条件开始压迫个人。只要生活在这个世界上，个人就必须遵守自己所在地的规章制度。

对于自己来说，不利之处就是要做一些反抗或者逃避，这种生存方式实际上很不自由，也很痛苦。所以每天的生活变得极不自由，人生过得不舒畅，也没有任何意思。

与其相反，也有人决心主动来到更加困难的世界，并将这个世界的规定视为己物。只有像上文所描述的那样，根据自己的意志来决定自己的生活方式，才是自由，才自在。自恣因开放而给人一种随便的感觉，不久后人们就开始对其产生厌恶感直至逃避。

真出家

今时学者总不识法，犹如触鼻羊，逢着物安在口里。奴郎不辨，宾主不分。如是之流邪心入道，闹处即入，不得名为真出家人，正是真俗家人。夫出家者，须辨得平常真正见解，辨佛辨魔，辨真辨伪，辨凡辨圣。若如是辨得，名真出家。（岩，51页）

无聊的人生就像羊一样，只要闻到美味的食物，就会追过去。就像奴隶和主人或者客人和主人的关系一样，只不过是顺着邪念把头伸到热闹的地方。

这种生活方式不能算是"真出家"。其最终的结果就是不能过得非常自我，从而虚度一生。

如果是真正坚定的人（真出家），就能够自由自在地对待自己的坚定信念（真正见解），不管是佛是魔、是真是伪、是凡是圣，都能够严格区分开来，这就是"自由"。

宗教自由

基督教动辄说"信仰自由"，其关键之处，不在真正见解，而在于主动"听从"神谕。拒绝所有，只按照神谕去做，就是所谓的信仰者的自由。这就像自恋一样，不能从束缚之中解脱，而是一种主动顺从神的枷锁的自由。

这样的自由，像是在说反话，是在无心接受所有的主体性方面能够自由发挥。在这种自由的态度面前，在个人陷入困难之前，对于主体来说，一切都变得欢喜快乐。世界因此而广阔，并迎接我们。

随处作主

你且随处作主，立处皆真。境来回换不得。纵有从来习气，五无间业，自为解脱大海。（岩，50页）

这个"示众"在《临济录》中也是非常经典的一段。不论在什么样的环境或世界，只要是身在其境的主人公，那个环境或世界就是真实的。也就是说，发生战争时战士就是战争中的主人公，行窃时小偷就是行窃中的主人公，这样就非常容易理解了。实际上，也有把这句话写在草帽上参加战争的日本禅僧。

所谓"随处作主，立处皆真"，并不是像吉丁虫那样在各种场合不停地变换颜色来保护自己。柴山全庆老师经常对我们说的一句话是："境来回换不得。"这句话，我至今难以忘怀。

不管在什么环境下都不能改变主

随处作主
山田无文笔

体性，这是为什么呢？因为这个"主体"是无形无相的绝对主体，任何东西都不能控制它。因此，不管身处何种环境，这个"主体"都绝不会受环境影响；不管在何种场合，这个"主体"都绝不会轻易和不负责任地正好"完全成为"那种场合。

如大器者，直要不受人惑。随处作主，立处皆真。（岩，70页）

我们如果将"随处作主"错误地理解为伦理学的方法，就不会有如此的非主体性。临济是不会这么说的。

"完全成为"

我们在禅宗道场经常会听到"完全成为"，但这种说法不是指我们与我们所处的环境融为一体，而是不管在何种环境，都不能受其影响而失去主体性，也就是彻底地、完全地成为主体。

所谓"彻底死"，不是指人死后失去主体性，变得无责任，而是在像明镜一样的无心方面，能够适当判断现状的主体性，是不受任何事物约束的"无的主体性"。彻底死，不是死，而是变为无心，超越了生与死的二元分别，只是"自由生"。

不染生死

换句话来说，彻底死是由于彻底地抹杀执着的自己，从而使自己成为能够自由行动的自己。我们举几个临济说法的例子。临济认为，所谓"自由"，并不是像"自恣"那样，在毫无束缚的世界里随心所欲，而是说只要自己无心，那么不论在怎样的环境下，自己都没有任何不方便的地方。

若得真正见解，生死不染，去住自由。不要求殊胜，殊胜自至。（岩，32页）

道流！即今目前孤明历历地听者，此人处处不滞，通贯十方，三界自在。（岩，54页）

唯有道流，目前现今听法底人，入火不烧，入水不溺，入三涂地狱如游园观，入饿鬼畜生而不受报。缘何如此？无嫌底法。尔若爱圣憎凡，生死海里沉浮。 烦恼由心故有，

无心烦恼何拘。（岩，90页）

如明眼道流，魔佛俱打。尔若爱圣憎凡，生死海里浮沉。（岩，52页）

幸福所在

临济的禅之道，强调远离修行和悟，每天都"无事"。如果真不需要任何修行，就将堕入"自然外道"。

自由地生活，也需要巨大的勇气与决心。因此，即使平常无事，也绝不是一件容易的事情。对于欲望很多的我们来说，也许没有比这个"无事"更难的事情了。如果想要将平常生活过成真正意义上的"无事"，就应该在平常生活之中重新确认本来就具有的深刻含义。

如同不出趟远门就不知道故乡的好一样，在说"佛法没有什么不可思议"之前，请先确认这个世界没有什么特别的变化。这时，我想起德国新浪漫派诗人卡尔·赫尔曼·布斯（Carl Hermann Busse，1872—1918），他在诗歌《山之彼方》中也歌颂了同样的内容。

那首诗的大致意思是，因为说山的对面好，所以大家都蜂拥而过，却没有发现自己想要的东西，最后只能悻悻而归。所幸的是，我们虽然常说不去对面就发现不了什么，但是现在却让我们注意到在我们的身上还有更远的东西。

我们如果没有意识到在自己之中本来就有的、距离自己最遥远的东西，那么不管到多么远的地方去寻找，都永远抓不住幸福。中国宋代诗人苏东坡在阐述他的悟后心境时写了下面这首诗：

> 庐山烟雨浙江潮，
>
> 未至千般恨不消。
>
> 到得还来别无事，
>
> 庐山烟雨浙江潮。

意思是：我很想亲眼看一次烟雨朦胧的庐山以及宏伟壮观的钱塘江潮汐，出去一看，却发现不过如此，好像一切只是自己过去的冲动妄念。庐山烟雨和钱塘江潮汐只有在此处才有它们存在的价值，也就是说，世间好的东

苏东坡

西，只在平常生活之中。

人未欠少什么

临济也讲了这样的话。

你今用处欠少什么物？修补何处？……古人云："平常
心是道。"大德，觅什么物？现今目前听法无依道人，历历
地分明，未曾欠少。（岩，80 页）

大意是：在现在的日常生活之中，你们还有不足的地方
吗？需要修补什么吗？古人常说："平常心是道。"你们到底
还要再求什么呢？现在，
还有像在那里听我说法的
独立自主的修行人那样历
历分明的吗？这一点也未
曾欠缺过。

生死事大　光阴可惜
无常迅速　时不待人

的确，我们每天都吃
饭、睡觉、起床，去单位
上班，回家路上玩弹子球

游戏，掀起小酒馆的门帘去饮酒、看电视，充实地度过属
于自己的每一天。

当我们说"到底欠缺什么"或者"该如何是好"时，
时间却好像与它没有关系似的匆匆而过，真是"无常迅速，
时不待人"啊！由于同样的日子不会来第二次，因此今天
只是今天，道元也说"只有今日命"。

这就是我们的每一天，即使反复说"明日复明日"，思
考"覆水难收"，也全是"事后诸葛亮"。分不清这一点，
只是不停地发牢骚，就是"愚痴"。

人生始于一次呼吸

对于自己来说，上天赐给我们的一天，既没有在它之
上的，也没有在它之下的。不管补充哪一点，都没有满分。
人的一生是一年一年的累积，一年是一天一天的累积，一
天是一个小时一个小时的累积，一个小时是一分钟一分钟
的累积，一分钟是一秒一秒的累积。虽然人人都知道这个
道理，但实际上把它铭记于心并融入生活却很难。

我要向大家推荐一行禅师（Thích Nhất Hạnh）所说的
"非常理智"的生活方式，也就是每一瞬间都用心生活。

　　到了傍晚，不管自己如何反思应该更加努力地过好今天，这一天都会一去不复返。还有，只要遇到了困难，大部分的结果都难如己愿。意识到这一点，就会注意将每一件事都做得富有意义。如果只是一味地怀揣空虚的梦想，那么宝贵的每一天都会匆匆而过。

平常心是道

唐代禅僧马祖道一为弟子做了以下开示：

平常心是道
铃木宗忠笔

　　道不用修但莫污染。何为污染。但有生死心造作趣向皆是污染。若欲直会其道平常心是道。谓平常心无造作、无是非、无取舍、无断常、无凡无圣……只如今行住坐卧应机接物尽是道。

　　即便如此，做到"平常心是道"也是很难的。所谓"不用修"，是指没有必要故意修行，只要不"污染"就行。"污染"与平常所说的"大气污染""水污染"一样，就是人为地将美丽之物污染。

正如马祖道一所言，人们一旦有了迷心（生死心），就会做一些毫无意义的画蛇添足的事，所以会污染美丽之物。临济说"平常无事"，也是同样的道理。

本来面目

"平常心"是指顺从自然而不人工修饰，也不做像做善事而不做恶事那样的随意判断，而是无心地做各种事情，也就是"佛道"。

六祖惠能也说过类似的话，即"不思善，不思恶，正与么时，那个是明上座本来面目"。也就是说，在你不思善也不思恶时，你的本来面目到底是什么呢？

所谓"本来面目"，是指与出生以后通过照镜子所看到的自己不同的"另一个面目"。这种面目是父母生自己之前就有的面目，那是怎样的一种面目呢？我想看清楚。这就是六祖惠能的提问。

按照六祖惠能的开示，人通过意识所知道的自己的面目，不是本来的真面目。它是自己意识到的自己的面目，所以不是真面目。的确如此，人一生都难以探究自己的真面目。

意识以前的自己

虽然看不到，但如果用手抚摸一下脸颊，就会知道这的确是自己的脸。

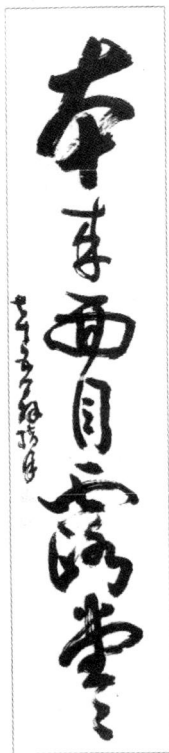

本来面目露堂
旸谷慧超笔

面目（脸）难懂，"自己"也一样。当被问"你是谁"时，我们马上就会做各种各样的自我介绍，只不过那是如照镜子般通过有意识的反省而了解的自己。真正的自己，是在有意识的反省之前就已存在的"身体本身"，我们绝对不能把它当作对象来看。

例如，在床上熟睡时，即使我们没有意识到，自己的肉体也正躺在床上。也就是说与自己所意识到的自己不同，还有别的"自己"。

那个"自己"，难道不是不思善、不思恶的自己吗？禅宗强调，要确认一次原始的、意识以前的自己。否则，一生就只能在空想之中度过。

　　禅师掌击弟子或者抓住弟子的衣襟推倒弟子，就是为了让其意识到这一点，这种极端的方式体现了师父的最大善意。

　　还是回归正题吧，临济从正面继承了相当于他的师公马祖道一的"平常心是道"思想。因此，非常相似的说法在《临济录》中比比皆是。下面我举几个例子吧，每一个例子都围绕"平常无事"这个主题。

　　无事是贵人，但莫造作。只是平常。（岩，46页）

　　道流！大丈夫儿今日方知本来无事。只为你信不及，念念驰求，舍头觅头，自不能歇。（岩，56页）

　　如山僧今日用处，真正成坏，玩弄神变，入一切境，随处无事，境不能换。（岩，117页）

　　佛法无用功处，只是平常无事。屙屎送尿，着衣吃饭，困来即卧。愚人笑我，智乃知焉。古人云：向外作工夫，总是痴顽汉。（岩，50页）

　　约山僧见处，无如许多般，只是平常着衣吃饭，无事过时。（岩，101页）

无事是贵人　大道文可笔

神已死

我只要看到上述文字，就会想到临济这个人与宣扬"神已死"的尼采有相似之处。然而，临济却是真正的宗教家，是大乘佛教的思想家，是达摩所传佛心宗的真正的传灯祖师，绝不是尼采那样的无神论者。

只是二人都强调，对于我们人类来说，最重要的应该是抱有生活下去的强烈意愿，对于以神或佛的名义来欺骗人类意志的"理性"，我们均应断然拒绝，在这两点上他们是相通的。

主张唯物论的马克思说宗教是麻痹人类心灵的鸦片。他深受人类学大家费尔巴哈的影响，十分重视探讨人为何物，对于远离人类生存方式的思想采取断然反对的态度。

19世纪至20世纪初期，马克思的唯物论及尼采的无神论作为时代精神曾一度风靡世界。

我在这里还想说说近代以后的科学世界观。科学是根据近代哲学奠基人——笛卡儿的心物二元论发展起来的。

笛卡儿很像近代人，希望以"普遍怀疑"来确立人类的立场，也就是以"我思故我在"为根本命题，将世界分为"思维"的心（近代的自我）和"外延"的物两部分。例如，笛卡儿认为，中世纪时人们普遍认可的观点是，作为神的创造物的人类身体不过是"外延"的物体而已。

医学等可以使身体通过手术得到治疗、修复，从而证明不能将身体与心切割开来。今天的医学开始重新提及医学伦理。在这一点上，佛教主张身

笛卡儿

心如一，禅宗认为身体为心之所在，因而当今科学家也对佛教给予了很大关注。

第二次世界大战结束之后，人们开始在唯物论及虚无主义、近代科学的发展历程中，在世界范围内探求新的人类观及价值观。虽然如此，却也难以再次回归中世纪的神律观念。在这种现代化的摸索之中，佛教的世界观、人生观再次进入人们的视野。

比如，佛教的"佛"与基督教的"神"有本质的区别，这一点最令世人关注。"佛是什么"不是我们轻易能理解的。在对佛的理解方面，我们佛教徒也要面对圣道门、净土门等各种各样复杂的分类。本书从《临济录》的角度来讲解临济对"佛是什么"的解释。

生死佛

有一般秃比丘，向学人道："佛是究竟，于三大阿僧祇劫修行果满，方始成道。"道流。你若道佛是究竟，缘什么八十年后，向拘尸罗城双林树间侧卧而死去？佛今何在？明知与我生死不别。（岩，85页）

　　大意是，那些很没趣的僧人对认真修行的人们宣扬道："佛是完美的人，他经过长时间反复不间断的修行，而成就了佛道。"然而，即使佛是那样完全没有缺陷的人，为什么在八十年后于拘尸罗城双林树下横卧而死呢？那么，佛现在到底在哪里呢？这里有一点是非常明确的，那就是佛虽然是佛，却与我们没有任何区别，都会经历生死。

　　如果让临济来说，"佛"就是大悟之后的究竟之人，但他还是会在该死的时候死，与我们没有任何差别。即便是佛，也绝不会永远存在下去。因此，佛在弟子们的一片哀痛之中，在拘尸罗城死去。这样一来，佛现在会在哪里呢？坦率地说，佛难道不正在活着的我们身上吗？道元"生死佛之御命也"，说的不就是这回事吗？

　　这样一来，我们这些凡夫就会即身成佛。虽说是即身成佛，但人们却难以马上接受。虽然与会经历生死的自己没有差别，但佛毕竟不是凡夫。也就是说，虽然佛与会经历生死的我们没有差别，却又与我们完全不同，只有这样才是真佛。换句话说，在这个会经历生死的自己之中，好像有超越生死的永恒的自己，这才是真佛。按照临济的话来讲，我们必须洞察自己之中的"真佛"。

　　佛坛上供奉着的佛具有三十二相八十种瑞相，仿造释迦牟尼形象，临济称其为"为顺世间情"而作之相，"恐人生断见[1]，权且立虚名"。

迷惑三界 [2]

你，诸方来者，皆是有心求佛，求法，求解脱，求出离三界。痴人！你要出三界什么处去？（岩，101页）

人们修行本来就是为了从痛苦之中解脱出来，所以舍弃家庭从各地来到临济的道场的修行人都拼命坐禅，希望早日得到开悟之后的欢喜。尽管如此，临济却冷冰冰地说："你们出离这个痛苦世界、迷惑三界，打算到哪里去呢？"临济还告诉他们，越求离真实之"道"越远。这是佛陀的教诲，祖师们也是按照无心平常生活的"平常无事"的生活方式来践行佛陀之道的。

临济在年轻的时候曾三次老老实实地向黄檗请教"如何是佛法的大意"，均遭棒打。在绝望之余，他来到了大愚

---

[1] 断见，指没有佛的虚空想象。
[2] 三界，指欲界、色界、无色界等迷惑的心境。

和尚的道场，当听到大愚和尚说"黄檗和尚是一位多么亲切的人啊"时，他好像突然意识到了什么，便小声嘀咕："黄檗老师的佛法的确了得啊。"那个时候，临济体悟到了"平常无事"地生活于苦难世界这一百丈及马祖以来非常神圣的禅心，并把其作为自己的事。

[尾声]

临济禅与现代

古典的意义

我们在前面将《临济录》分为几个部分，从各个方面阐释了临济的人生观念和生活方式。然而，我们如果只理解《临济录》的内容，就只能单纯地获得有关《临济录》的知识。生活于现代的我们，如果不能从《临济录》这部古典著作之中懂得应该如何生活，《临济录》就失去了今天在我们手中的意义，所以我们有必要找到对待传承千年之久的非常珍贵的历史遗产的方法。

实际上，在我们所处的时代，在享受历史上从未有过的科技进步所带来的恩惠的同时，在面对"应该如何生活"的问题时，每一天都是在没有方向、价值混乱之中度过的。

时间匆匆逝去，我们的未来却一点儿也不透明，而且谁都无法预测。这就是我们的真实状况。

轴心时代

正如哲学家雅斯贝斯（Karl Jaspers，1883—1969）所说的那样，古希腊有苏格拉底、柏拉图的哲学思想，古印度有佛陀的佛教思想，中国产生了孔孟的伦理思想，人类文明精神取得了重大突破，至今都无法超越。

由此，公元前800年至公元前200年间，就是人类文明的"轴心时代"。

如今，挣扎于大气污染中的现代人，看起来好像只是在吸吮着古代圣贤的智慧残渣而惶惶度日。这样说来，痛恨投身这样一种绝望的时代，不是一个令人伤心的话题吗？

我们现在应该认清

雅斯贝斯

这个时代的形势，以我们的力量好好度过自己的人生。为此，我们必须从洞察这是怎样的时代，也就是认清时代的特性入手，以临济所说的"真正见解"正确审视这个时代。

国际化与全球化

我们所处的时代被称为"全球化时代"。当听到"全球化"这个词语时，我们的印象就是国际化已经遍布全球。其实，这是一个很大的错误，这反而是一种与国际化逆向而行的现象。

第二次世界大战结束以后，国际化得到了快速发展，日本也不例外大力推进了国际化。日本是亚洲东部的岛国，四面环海。使用全国统一语言的日本，有固有的风俗习惯、传统民间活动、宗教、文化及有日本特色的思想，这些使日本在国际舞台上受到全世界人民的广泛关注。

可以说，从战败后的混乱与贫困之中站立起来，发展成为世界少有的经济大国的日本，正快速地飞向全世界的每一个角落，以经济侵略彰显着从未有过的民族主义。如此看来，日本人民共同抱有的国际化梦想，反过来也不过是一种新形式的民族主义。

　　然而，欧洲的国际化实际上就是欧洲大陆的各个国家追求共存的一种合作理念。从这层意义来说，欧洲各个国家在相互自主约束并遵守国际法的框架下相互合作，而不是将自己国家的势力范围扩展到全世界，这就是欧洲共同体（EC）的理念，统一货币也是其国际化进程的重要一步。在这种浪潮下，日本扭曲的做法被世界人民投以谴责的目光也就不足为奇、理所当然了。

共同体的崩溃

　　"全球化"是与国际化的构造完全不同的一种世界现象。据悉，这一现象的动力就是信息网络的高度发达以及国际婚姻。目前，世界人民之间在不经过国家许可的情况下可以自由地相互交换一些信息。

　　国家之间的界限因此消失了（此为"无国界"），迄今为止的国家身份逐渐走向崩溃。相对于国际化的国家扩张，全球化则是近代国家崩溃的开始。

　　一方面，地球上各地区、各民族的个性随之消失，生活、文化也变得规范化；另一方面，人类所具有的个性、价值观也完全多样化。

曾经由各民族文化交汇融合产生的"国际化时代"早已消失得无影无踪。某些宗教教派怀揣着称霸世界的梦想，时至今日却只能看到人类灭亡时刻的最后挣扎，这是一种落后于时代的现象。

世界文化的划一主义

由于科学的发展，世界也开始出现统一化的趋势。由于空调的普及，热带国家和地区也可以在家里享受凉爽。这样一来，世界范围的温度"平均化"就不再是什么笑话了。

总而言之，世界已经变得扁平。现在每一个人的民族、国家、传统文化等与生俱来的保护伞都在被剥夺，人们变得一无所有。曾经即使你沉默不语，人们也知道你是日本人，如今说着日语、书写汉字和假名的每一个日本人，正是由于看不见的传统文化的保护，才能够在个人不自觉的情况下生活着。

一无所有的人类

从今往后，人类将会变得完全不同。生活在地球上的人将是独立的"每一个人"，也不一定必须居住在日本。不管住在哪里，只要住下，那里就是那个人的祖国。因此，自此以后"外国"这个概念就会消失。我们好像意识到今后人类生活的真实写照就是，随着民族、国家的消亡人类没有故乡而开始漂泊。

选择不结婚的人逐渐增多，不要孩子的夫妇也在增多。在以家庭为最小单位的社会，正在由结缘集团急剧变为契约集团。

看一看现代社会的年轻人就会知道，他们看起来不再是这个家庭的一员。与家人比起来，好像与在家里用手机短信交流的朋友的关系更近。对他们来说，自己的房间就是整个世界。闷在家里、足不出户的孩子们绝不愿意离开自己的世界到外面去。即使在自己家里，自己房间的外面也是他人的世界，因此他们也不想出去。

虽然有些意外，穿着帆布鞋、在车站里弯腰却不怕走光的高中女生们，或者在公交车上拿出镜子、在大庭广众之下化妆的小姑娘们，不过是把车站或公交车当作自己房间的延长线而已。

这样说来，年轻人完全不顾及周围人的感受，反而旁若无人地用随身听播放喧闹刺耳的音乐，也就可以理解了。目睹了这一切，你就会明白家庭与社会的界限已经完全消失了。

个人时代

今后将是每个人随意自由生活的时代。从这个意义上来说，现代人的确孤独。我们注意到，由于信息从世界的各个角落汇集，因此看起来我们好像生活在一个非常广阔的世界。然而，在由虚拟信息构成的虚拟世界中，每个人都变成了异常孤寂的个体。

今后不是社会指导个人，而是个人必须自己创造生活环境并生活在其中，这就是人们常说的"具有强烈个性的超级时代"。在流行趋势方面，厂家主导的时代已经过去，现在反而是用户主导的时代。在宗教方面，人们也不再接受传统教团教条式的信仰，开始迎来能任意创建各种新型宗教群体的时代。

这里需要指出的是，无论社会环境如何变化，人只要出生，就要过人的生活。否则，还不如猫、狗等动物。这才是我们生而为人应该守住的底线。

"存在"的复权

如果这样想，你就会觉得如今人类更像社会性的动物。也就是说，生存于社会中的人类，由于某种原因已经丧失了自己作为个体的主体自觉。说到这里，难道你不觉得人类有必要重新找回作为"实际存在"的主体自觉吗？海德格尔曾经说过的"存在忘却"，说的不就是这个道理吗？

正如帕斯卡尔所说的那样，人类像"迎风摇曳的芦苇"，是一种非常脆弱的存在。可是，人类却是"思考的芦苇"，知道自己的脆弱所在。不知道人类的脆弱，就是欠缺了作为人类的条件，与动物没有区别。

实际上，临济也注意到了这一点。在如何不依靠他人生活这一点上，临济认为，每个人有必要去除一切保护，重新回归原本一无所有的个人。

将自己从不讲理的社会中剥离出来，试着再一次出发，我认为这就是实际意义上的"出家"。将自己的一切生活从其他所有的条件之中脱离开来，重新开始，就是临济选择的生活方式。

临济的呐喊

临济只是将自己的这种信念传授给弟子们，而不说

"像我一样活着"。我认为，临济所要表达的内容，无疑就是他自己所选择的生活方式，并用他自己的语言将信念传授给弟子们。

因此，对于自己，我们必须有相当程度的信心。毫不动摇的信心，才是临济所说的"自信"。他所说的"病在不自信处"，就是这个道理。因为"不自信"不像"自信不及"，它容易受他人的语言，即"人惑"的影响。

如果有"自信"，今后就能依靠这种信心拥有绝不动摇的"正确见解"。这就是临济强力推荐的"真正见解"。不管多么自信，见解必须"真正"。

那么，个人如何确认见解是否正确呢？这里需要遇见"正师"。反过来，如果遇到邪恶之师，那么自己终生都不会觉悟。

要觅正师

"正师"到底是怎样的人呢？真正的老师应该是"不教之师"。因为每个人存在的实际问题，绝不能依靠他人来解决。"正师"就是"推倒弟子"的老师。如果阅读了《临济录》，你就会知道书中已讲得非常明白。

　　确立自己的最大障碍，就是他人的多嘴多舌。临济将其称为"人惑"，认为我们需要将其切割根除。所以临济断言，人们敬仰的佛及历代祖师们全是"人惑"。重要的是从自己身上发现真佛，而不是向自己求佛。临济警示我们，要识得佛产生的一切根源。

　　这样一来，我们就要按照《临济录》所说的，学习确立自己的方法。然而，就像我反复强调的那样，不能将其作为单纯的知识来学习。生活在这个时代的我们，应该放下所有，确立永不动摇的主体性；也应牢牢把握有限的、无常的人生，确立并充实自己的人生观。临济指出了现代人的欠缺之处，也指出了他的希望。

［后记］

我终于站在了人生的夕阳队伍之中，在凝视自己视为生命的临济禅基本教科书《临济录》的同时，尝试着对其内容进行了一些自以为是的自由解释，本书所说完全是我个人的独断。

不用说，置于禅门室内的禅宗语录的阅读方法必须具有彻底的"传统性"。对此，本书对《临济录》的解释完全"面对初学者"。

我撰写本书是为了向前来参加我所在的研究所主办的"禅宗语录研究会"或者市井文化中心讲座的每一个爱好学习的人讲述我的心情，因此文章有些冗长。值此搁笔之际，如果读者们能够就我对《临济录》的解释予以自由批判的话，将会体现出本书的价值。

　　最后，对欣然同意刊载书中照片的各位表示衷心感谢，对推荐出版本书、鞭策激励我的研究所的工作人员表示诚挚谢意。

二〇〇六年　仲秋

琵琶湖东边　于三余居

著者　谨识